JÜRGEN REITZ

DER LOTZEBUB

novum pro

Bibliografische Information
der Deutschen Nationalbibliothek:

Die Deutsche Nationalbibliothek
verzeichnet diese Publikation in
der Deutschen Nationalbibliografie.
Detaillierte bibliografische Daten
sind im Internet über
http://www.d-nb.de abrufbar.

Alle Rechte der Verbreitung,
auch durch Film, Funk und Fernsehen,
fotomechanische Wiedergabe,
Tonträger, elektronische Datenträger
und auszugsweisen Nachdruck,
sind vorbehalten.

Gedruckt in der Europäischen Union
auf umweltfreundlichem, chlor- und
säurefrei gebleichtem Papier.

© 2024 novum Verlag

ISBN 978-3-99131-109-6
Lektorat: Jasmin Fürbach
Umschlagabbildungen: Jürgen Reitz,
Nexus7 | Dreamstime.com
Umschlaggestaltung, Layout & Satz:
novum Verlag

www.novumverlag.com

Eine wahre Geschichte aus dem Leben, die es so nicht mehr geben wird.

Ich war kein guter Schüler, besuchte aber die 1. bis 8. Klasse der Volksschule Naunheim, ohne sitzen zu bleiben.

Meine Schwachstelle war damals Deutsch.

Ich sprach nur Plattdeutsch und schrieb auch so, ich wusste es nicht besser, es half mir ja niemand.

Mit 18 Jahren bemerkte ich, dass es auch noch was anderes im Leben gab, von meinem Vater wurde ich für richtig dumm gehalten, wir wohnten ja im Dorf.

Er konnte nicht ertragen, dass ich in vielen Dingen mehr erreichte als mein Vater bis dahin erreicht hatte.

Er hatte keinen Führerschein und auch kein Auto und keinen abgeschlossenen Beruf, aber wusste alles besser als ich.

Mein Traum waren dann eine Familie und ein Haus.

Er hatte, nachdem meine Mutter gestorben war (02.05.1962), einen Bauplatz für mich, wo mein Vater und ich nebeneinander bauen sollten, was ich aber nicht wollte.

Bei uns im Ort wurde jeder verachtet, der kein Haus hatte.

Es hieß immer: Wer kein Haus hat und nicht Fußball spielt, ist asozial.

Ich war immer ein Außenseiter, ich wollte lieber schwimmen.

Meine Devise war immer: Gut gefrühstückt hält einen ganzen Tag.

Gut geheiratet ein ganzes Leben.

Alles habe ich nicht erreicht.

Ich war drei Mal verheiratet.

Vier Dinge muss ein Mann im Leben getan haben:

Einen Baum habe ich gepflanzt, Haus gebaut, (Scheidung), einen Sohn gezeugt und ein Buch geschrieben.

Ich suche meinen Sohn heute noch, da die Mutter nicht sagt, wo er sich heute aufhält.

Bin bis heute auch nicht sicher, ob es wirklich mein Sohn ist, er trägt nur meinen Namen.

Mit meinen Frauen hatte ich immer Pech.

Die erste Frau verliebte sich in meinen besten Freund, weil ich mein Haus baute. Die zweite Frau trank, sie war der beste Gast im Lokal.

Die dritte Frau belog sich selbst und mich, sie liebte mich bis zu ihrem Tod (18.11.2020). Ich war bis dahin auch ihr Betreuer (erst dann im Tagebuch gelesen). Sie verkraftete nicht, dass mich im hohen Alter immer wieder junge Frauen liebten, zuletzt meine neue Lebensgefährtin, mit der ich jetzt zusammenlebe. (Latina, 52 Jahre alt)

Brachte auch zwei Freundinnen ins Gefängnis, weil sie mich bestohlen hatten.

Eine wollte mich ins Gefängnis bringen (wegen Vergewaltigung).

Ich hatte auch zwei Häuser und sechs Autos.

(Der Herr hat es gegeben, der Herr hat es genommen.)

Mein größtes Hobby ist Schach spiel

Heute ist der 13.03.2020 und ich lebe jetzt schon ein gutes halbes Jahr in einer Kleinstadt in Hessen.

Hätte nie gedacht, dass es mir gelingen würde, das noch einmal zu verwirklichen. Vor ein paar Jahren hätte ich gedacht, ich würde immer alleine leben, da ich in dem Dorf, wo ich früher gewohnt hatte, jeglichen Kontakt zu meinem Umfeld verloren hatte.

Am 28.02.2020 hatte ich mir gerade, wie jeden Morgen, Kaffee gekocht und ein Brötchen belegt mit Wurst, als ich merkte, dass ich keine Luft mehr bekam, ich wartete einen Augenblick, weil es mir besser ging, aber es dauerte nicht lange, da wurde es immer schlimmer.

Ich wusste mir nicht weiterzuhelfen, ich konnte gerade noch das Telefon erreichen, um den Notarzt anzurufen.

Der auch sofort kam und ich wurde an den Sauerstoff angeschlossen und in das nahe gelegene Krankenhaus gebracht.

Dort angekommen, wurde ich sofort in die Intensivstation gebracht und an die Geräte angeschlossen.

Später wurde ein CT gemacht, wo sie feststellten, dass ich an beiden Seiten, wo das Blut vom Herzen die Lunge versorgt, verstopft war.

Ich hatte eine Thrombose im rechten Bein, was diese Verstopfung ausgelöst hatte.

Am Abend sagte der zuständige Arzt zu mir:

„Wenn sie morgen überlebt haben, dann haben sie es vielleicht geschafft."

Als ich morgens nach einer unruhigen Nacht wach wurde, war mir etwas wohler, aber ich musste noch vier Tage auf der Intensivstation bleiben, bis es mir etwas besser ging.

Danach blieb ich noch eine gute Woche auf der Normalstation, bis ich dann entlassen wurde.

Nach drei Monaten wurde wieder ein CT von meiner Lunge gemacht und festgestellt, dass ich es überstanden hatte.

Ich hatte mal wieder großes Glück gehabt, wie so oft in meinem Leben.

Das vor 73 Jahren begann.

Ich wurde am 26.12.1946 in einem kleinen Ort in Hessen geboren, dieser Ort ist heute in einer größeren Stadt eingemeindet.

Meine Eltern haben sich auch dort kennengelernt.

Mein Vater war nach dem Krieg in einer Baracke als Kriegsgefangener der Amerikaner untergebracht.

Nebenan wohnte meine Mutter, die er so kennenlernte.

In der Hitlerzeit wurden in der Baracke russische Soldaten als Strafgefangene festgehalten, die in der nahe gelegenen Zigarrenfabrik arbeiteten, wo auch meine Mutter in Heimarbeit Zigarren fertigte.

1950 gingen sie und mein Vater nach Baumholder, um bei den Amerikanern in der Kaserne Coca Cola zu verkaufen.

Zur gleichen Zeit kam bei meiner Oma auf dem Hof eine kleine Ziege zur Welt.

So lange sollte ich immer auf dem Hof spielen und nicht auf der anderen Seite der Straße, wo eigentlich mein Spielplatz war.

Als meine Oma wieder im Stall bei den Ziegen war und das Hoftor abgeschlossen hatte, kam ich auf die Idee, dann hängst du die Hofstange aus, die die beiden großen Hoftore zuhielt, um auf der anderen Straßenseite spielen zu können.

Also machte ich heimlich das Tor auf, um auf der anderen Straßenseite zu spielen, was ich sonst auch immer tat.

Als ich fertig war mit Spielen, versuchte ich wieder, über Straße zu kommen, ich schaute nach links und schaute nach rechts, rechts kam ein Auto, das ließ ich vorbeifahren, dann setzte ich den Fuß auf die Straße.

Da rauschte ein Motorrad mit hoher Geschwindigkeit heran und erwischte mich mit der Lampe am Kinn.

Der Fahrer schleifte mich ca. 100 Meter mit, bis er zum Stehen kam.

Dann trug er mich in den Hof, wo meine Oma mich schon vermisste.

Ich erlitt eine Gehirnerschütterung und einen Kieferbruch, war vier Wochen im Krankenhaus, die Narbe am Kinn sieht man heute noch.

Danach wollte ich dann endlich zu meinen Eltern, die ja in Baumholder waren.

Da bot mir meine Tante an, der Onkel Richardt, der einen Lastwagen besaß, der machte eine Tour in das Saarland, das zu diesem Zeitpunkt noch zu Frankreich gehörte: „Der kann dich mitnehmen, das ist für ihn kein größerer Umweg."

Also nahm er mich mit und ich war bald wieder bei meinen Eltern in Baumholder.

Dort angekommen, meine Mutter hatte einen Coca-Cola-Stand in der Kaserne, wenn die GIs mich sahen, denn sie waren verrückt auf Kinder, bekam ich immer auch eine Flasche Coke und ein Sandwich geschenkt.

Als ich sechs Jahre alt war, musste ich wieder zurück in meinen Heimatort.

1953 kam ich dann in die Schule und meine Eltern kamen auch später zurück aus Baumholder. Als wir alle zurück waren, starb meine Oma und das Haus, in dem wir lebten, Oma, Opa, Tante, Onkel und wir, wurde dann verlost, mein Onkel bekam den Zuschlag, wir bekamen ein Grundstück im Lotzengraben.

Wo mein Vater anfing, eine Hühnerfarm aufzubauen, es wurden ein Zaun um das Grundstück und zwei Hühnerställe gebaut.

Ein elektrischer Brutkasten gekauft und mit der Aufzucht begonnen, um Küken zu verkaufen.

Da kam mir die Idee, da ich kaum Taschengeld bekam, meine eigenen Eier und Küken zu verkaufen.

Das merkte auch mein Vater und sagte zu mir:

„Bub, da stimmt was nicht, ich glaube, wir haben einen Marder."

Es wurde eine Marderfalle aufgestellt, ein Hund und ein Puter angeschafft.

Der oder die Marder wurden aber nicht gefunden.

Nach einiger Zeit dachte ich, damit musst du jetzt aufhören, und fing stattdessen an, Zeitungen auszutragen und Kinderbücher zu Ostern und zu Weihnachten zu verkaufen.

Wenn ich abends fertig war, musste ich dann mein eingenommenes Geld abrechnen, aber es stimmte nie, was ich eingenommen hatte.

Er sagte dann immer:

„Bub, was machst du nur, kannst, du nicht rechnen."

Er wusste ja nicht, dass ich mir vorher ausgerechnet hatte, was ich ungefähr verdient hatte und es dann schon abgezogen hatte.

Wenn ich das nicht getan hätte, wäre mein Geld auf dem Sparbuch gelandet.

Das machte ich so ca. 10 Jahre lang, mal stimmte es und manchmal nicht, es kam immer darauf an, was ich so für mich brauchte.

Kaufte mir immer teure Briefmarken oder was zu naschen.

Erst gingen wir in die alte Schule, die mitten im Ort war, wir fingen an mit dem Griffel und der altdeutschen Schrift, bis unser Klassenlehrer an einem Herzinfarkt verstarb. Danach bekamen wir einen neuen Klassenlehrer, der sehr streng war.

Wenn wir was verbrochen hatten, mussten wir in die Ecke oder eine Seite aus dem Lesebuch abschreiben, wenn wir das nicht machten, wurden dann schnell zwei oder drei Seiten daraus.

Aber wir konnten ihn ablenken, ich hatte herausgefunden, dass er auch leidenschaftlich Briefmarken sammelte, da kam ich auf die Idee, wenn ein Mitschüler oder ich wieder mal ein Problem hatte, in der Klasse Briefmarken zu verteilen, und gab jedem, der ein Problem hatte und zum Klassenlehrer geschickt wurde, um den Lehrer abzulenken, eine Briefmarke mit, es klappte fast immer.

Dann fragte der Klassenlehrer mich, ob ich ihm mal ein paar von meinen besten Briefmarken mitbringen könne, was ich dann auch tat.

Er wolle nur mal prüfen, wie viel sie wert seien.

Er hatte sie jetzt schon ein paar Wochen und wenn ich danach fragte, sagte er: „Ich brauche noch ein wenig Zeit."

Als ich dann auch eine Strafarbeit aufhatte, sagte ich zu ihm: „Erst möchte ich meine Briefmarken zurück." Er sagte nur: „Dann musst du halt zwei Seiten abschreiben."

Was ich aber nicht tat, da bekam ich im Zeugnis statt wie immer in Betragen ein Gut dann eine Sechs.

Was ich mir nicht gefallen ließ und schmiedete einen Plan.

Um in die Schule zu kommen, musste er immer zwei Mal umsteigen, das immer am Bahnhof, wo er Aufenthalt hatte und im Bahnhofslokal ein Bier trank, aber in der Schule immer Milch. Das mit dem Bier war uns bekannt.

Es kam der Tag und wir sollten einen Ausflug machen, aber wer nicht unser Lehrer war nicht da.

Also beschlossen wir, wir gehen und suchen ihn, also sagte ich zu den Jungs: „Wer geht mit?"

Der Bernd, der Ulrich, der Hans, der Horst, der Gerhardt, der Walter und ich gingen los und nach drei Stunden kamen wir an, wo er wohnte.

Seine Frau war allein zu Hause, da wussten wir, wo er war, denn seine Frau sagte zu uns:

„Der ist doch in der Schule."
Am nächsten Tag gingen wir zum Rektor und berichteten ihm von dem, was wir geahnt hatten.

Darauf musste er berichten, ob das stimmte, was wir ihm vorwarfen, er gab dann kleinlaut alles zu.

Die Folge darauf war, er wurde an eine andere Schule versetzt und meine Sechs in Betragen wurde in eine Drei umgewandelt.

Das achte Schuljahr bestritten wir mit dem Rektor.

Dann wurde ich gefragt, was mein Berufswunsch wäre, da gab ich zur Antwort:

„Ich würde gerne europäischer Schuster werden, gab ich zur Antwort, da ich es verwechselt habe, ich meinte natürlich orthopädischer Schuster."

Weil ich als Kind immer nur orthopädische Schuhe tragen musste, da ich angeblich Probleme bekam, mit den Füssen.

Deswegen war ich auch beim Sport befreit.

Nach der Schule begann ich aber dann eine Lehre als Optiker, weil mir das vom Berufsberater so empfohlen wurde, dass dieser Beruf besser zu mir passen würde.

Aber nach einem halben Jahr war Schluss, weil ich es in der Fabrik nicht aushielt, das war mir alles zu eng und es war nicht das, was ich gerne machen wollte.

Eigentlich wollte ich Elektriker werden, aber das hatte mir keiner zugetraut. Also lernte ich dann Installateur und Spengler, die Lehre dauerte dreieinhalb Jahre, im Jahr 1965 wurde ich dann Geselle. Im Jahr 1966 wechselte ich in eine größere Firma in der Stadt.

Zu dieser Zeit hatten wir noch kein Fahrzeug, jeder Arbeitsgang wurde noch zu Fuß ausgeführt, begann dann damit, einen Führerschein zu machen, am 13. August 1966 bekam ich ihn dann. Mein erstes Auto war ein DKW Junior (heute Audi).

Dann hörten wir, im Nachbarort hätte eine Disco aufgemacht.

Also fuhren wir hin, der Walter, der Heinz, der Dieter, der Waldi (Waldemar) und ich. In der Disco angekommen, setzten wir uns an einen Tisch.

Am Nachbartisch saßen vier Mädchen, mit denen wir ins Gespräch kamen.

Mit einem der Mädchen verabredete ich mich dann, sie gefiel mir.

Wir verabredeten uns für die nächste Woche wieder, daraus entstand Liebe.

Sie wurde dann im Januar 1967 16 Jahre alt.

Weihnachten 1970 verlobten wir uns dann und im September 1971 heirateten wir.

Im Jahre 1971 fing ich dann bei der Deutschen Bundesbahn an.

Da spielte das Schicksal wieder Glücksfee, ich bekam einen Job bei der Signalmeisterei in Frankfurt und durfte meinen Traum verwirklichen.

Arbeitete mich dann hoch als Signaltechniker und überwiegend als Elektriker auf den Stellwerken.

Im Juli 1973 wurde unser Sohn geboren.

Im Jahr 1972 begann ich dann, unser Haus zu bauen, es war ein Bungalow 10 x 12 m^2 groß. Aber meine Frau zog nicht mit und vergnügte sich mit meinem besten Freund.

Am 19.12,1975 wurden wir geschieden.

Am 20.12.1975 flog ich dann von Düsseldorf nach Mallorca.

In diesem Hotel waren überwiegend Singles, davon viele Frauen.

An der Bar saß eine junge Frau, mit der kam ich ins Gespräch, das sich so gut entwickelte, dass wir die vierzehn Tage zusammen verbrachten.

Was ich nicht wusste, war, dass ihr Sohn dabei war.

Das war aber kein Problem für mich, ich liebe Kinder.

Da meine geschiedene Frau mir das Umgangsrecht für meinen Sohn verweigerte, hatten wir viel Spaß zusammen.

Nach vierzehn Tagen mussten wir wieder die Heimreise antreten und jeder flog zurück, wohin er wohnte. Am 03.01.1976 landete ich wieder in Düsseldorf, ich fuhr in meine Stadt und die Bekannte mit ihrem Sohn nach Neuss.

Ich musste am nächsten Tag auf meine neue Baustelle der Bahn an den Rhein nach Kaub.

Dort angekommen, richteten wir unsere Baustelle, führ die Einrichtung eines Hilfsstellwerkes, mit Weichen und dazu gehörenden Signalen ein.

Wir hatten einen Wohnwagen dabei, da wir nicht nach Hause fahren konnten, das ginge zeitlich gar nicht. Am Wochenende ging es dann nach Hause in meine kleine Wohnung.

Unter der Woche war ich in Kaub, traf mich immer, wenn ich Zeit hatte, mit meiner neuen Freundin im Lokal, das war ja öffentlich, da konnte ja niemand was sagen.

Es war der erste Abend in Kaub, wir wollten nur ein Bier trinken und uns umsehen, was in Kaub so los war.

Kurz bevor wir wieder an unserem Schlafwagen angekommen waren, sahen wir etwas höher gelegen noch ein Licht.

Es war eine Gaststätte, die noch auf hatte.

In Kaub gab es zu dieser Zeit ca. 18 Gaststätten.

Weil die nahe gelegene Loreley eine Flussenge hatte und es beim Bingerloch, wo der Mäuseturm mitten im Rhein stand, zu viel Untiefen gab, brauchte man Lotsen, die die Schiffe durch die Untiefen steuerten.

Da zu der Zeit, im Jahr 1976, noch nicht jedes Schiff ein Radar hatte, fuhren diese Lotsen von Kaub aus mit.

Nachts war es zu gefährlich, die Strecke zu befahren, also legten die Schiffe in Kaub an und die Besatzung ging in die Gaststätten.

Wir wussten auch nicht am Abend, was wir tun sollten, also gingen wir auch mal hier rein und da mal rein.

Was wir später feststellten, war:

Diese Gaststätte lag an einem Hochwasserweg, der sich durch ganz Kaub zog.

Im Frühjahr und im Herbst waren die Straßen nicht begehbar und befahrbar, wenn der Rhein über die Ufer trat.

Also gingen wir in das Lokal, da saß eine ältere Frau am Tisch und hinter der Theke, in einem kleinen Stübchen, waren vier Paare und eine Frau am Kegeln.

Die Kegelbahn führte durch einen Saal, wo Veranstaltungen stattfinden konnten.

Es war das größte Lokal in Kaub.

Wir nahmen Platz und bestellten ein Bier, es verging eine Weile, als jemand von der Kegelbahn herauskam und uns fragte:

„Wo kommt ihr her und was führt euch in diese Gaststätte?"

Wir kamen ins Gespräch und wir erzählten, was uns nach Kaub geführt hatte.

Er sagte dann zu uns:

„Habt ihr Lust, mit uns zu kegeln?"

„Gerne", sagte ich und wir kegelten mit.

Das wurde ein lustiger Abend, der bis in die frühen Morgenstunden dauerte.

Wir tanzten und hatten viel Spaß.

Dann gingen wir einzeln nach Hause, die anderen waren schon fast alle gegangen, die einzelne Frau hatte sich mit mir und nicht mit den anderen unterhalten, dadurch merkte ich nicht, dass meine Kollegen schon gegangen waren.

Ich sagte zu ihr:

„Ich gehe dann auch mal, ich muss ja morgen arbeiten."

Ich verließ dann auch das Lokal, aber was ich nicht wusste, das Lokal lag an dem Hochwasserweg, der auch bis zur Burg Gutenfels führte.

Dieses Lokal hatte vier separate Eingänge, jede Etage hatte einen eigenen Zugang.

Als ich das Lokal verlassen hatte und auf dem Hochwasserweg weiterging, um zum Bahnhof zu kommen, wartete die einzelne Frau auf mich am oberen Eck des Hauses, sie hatte einen anderen Ausgang genommen als ich.

Wie ich später erfuhr, war sie die Tochter der Wirtin.

Von da an war ich jeden Tag im Lokal und wir trafen uns immer heimlich, da sie noch nicht geschieden war.

Am Wochenende fuhr ich dann immer nach Wetzlar, wo ich ein kleines Zimmer hatte. Eine Woche vor Ostern war ich wieder in Wetzlar, da staunte ich nicht schlecht, im Briefkasten war ein Brief.

Er war von Siggi aus Neuss.

Sie schrieb mir, ob ich sie mal besuchen wolle.

Da meine Freundin in Kaub noch nicht geschieden war und ihr Mann am Wochenende ab und zu zuhause war, konnte ich sie nicht sehen.

Das passte mir ja gut, da konnte ich ja nach Neuss fahren zu Siggi, was ich dann auch tat.

Am Wochenende war ich dann in Neuss und in der Woche in Kaub.

Dann ging meine Arbeit in Kaub langsam zu Ende und ich musste mich dann entscheiden, wie es weiter gehen sollte.

Ich entschied mich dann für Kaub und nicht für Neuss.

Aber besser auf meine Arbeitsstellen, die überwiegend im Frankfurter Raum lagen, suchte ich mir eine Wohnung in Idstein.

Später zogen wir dann mit den zwei Töchtern, die sie hatte, nach Idstein.

Im Herbst ging es dann los mit den Weinfesten und Adventsfeiern des Gesangsvereins.

Wo ich dann gefragt wurde: „Wollt ihr dabei helfen, bei den Veranstaltungen sowie den Karnevalsveranstaltungen?"

„Nur wenn ich die Theke alleine für mich habe und keiner mir reinredet."

Als die Veranstaltungen vorbei waren und ich merkte, dass der Umsatz stimmte, entschloss ich mich das Lokal zu übernehmen.

Wir heirateten dann Juni 1977 in Idstein und zogen nach Kaub.

Kaub ist eine alte Blücherstadt mit einem Blüchermuseum.

Fürst Blücher schlug die erste Pontonbrücke über den Rhein und drängte Napoleon zurück.

Er konnte das nur tun, weil in der Mitte des Rheines eine Insel ist, auf der eine Burg steht, die Pfalzgrafenstein, eine alte Zollburg, wo früher von den Bayern Zoll erhoben wurde, wenn die Schiffe vorbeifuhren.

Heute ist die Zollburg Pfalzgrafenstein eine Ausflugsattraktion.

Sie ist wie ein Schiff gebaut und die Insel, wo sie draufsteht, wird als Strandbad genutzt.

Wir zogen dann nach Kaub in die Gaststätte, die wir dann übernahmen.

Die beiden Töchter nahmen nacheinander in einem größeren Hotel in Assmannshausen eine Lehre als Hotelfachfrauen auf. Wir hatten dann das Lokal eröffnet, auch die ersten Gäste zurückgemeldet.

Dann kam es im Sommer 1977, dass sich über 100 Gäste aus Ljubljana angemeldet hatten, die zu Gast in der Partnerstadt Wiesbaden waren und mit dem Schiff zur Loreley fahren wollten und dann zu uns zum Essen, da wir eine größere Kapazität als das Schiff hatten, um sie zu bewirten.

Wir schälten zwei Eimer Kartoffel schon den Tag vorher, sodass wir gut vorbereitet waren, wenn sie morgen kommen würden.

Dass so viele Leute nach Kaub kommen sollten, blieb nicht verborgen, das hörte auch die Gemeindeverwaltung in Sankt Goarshausen und der Beamte des Ordnungsamtes stand in der Tür.

„Was ist bei euch morgen los", sagte der Beamte, der meine Frau gut kannte, sie sagte nichts.

Das reichte dem Beamten nicht und er sagte: „Und die zwei Eimer Kartoffeln, für wen sind die?

Wenn ihr das Lokal weiter betreiben wollt, habt ihr in drei Monaten eine neue Küche und neue Toiletten, so könnt ihr das Lokal nicht mehr betreiben."

Also fing ich an, den Raum neben dem Lokal für die Küche umzubauen, die als Abstellplatz genutzt wurde.

Die alte Küche sollte dann die neue Damentoilette werden, die sich zurzeit noch in der nächsthöheren Etage befand.

Die Herrentoilette war noch außerhalb des Gebäudes.

Im Saal stand nur ein alter Ölofen und die Decke des Saales war nur aus dünnem Sperrholz und das Dach war undicht, es regnete auf die Kegelbahn, die durch den Saal führte.

Also brauchten wir Geld.

Da kamen mir die Idee, da wir auch gleich neue Fenster brauchten und eine neue Heizung. Ich verkaufte meinen Bauplatz in Wetzlar, den ich auch nicht mehr brauchte.

Aber mein Vater, der nach meiner Scheidung auch angefangen hatte und dem ich dabei auch geholfen hatte, sein Haus fertigzustellen, er war in der Annahme, ich baue neben ihm.

Dann war er enttäuscht, dass ich meinen Bauplatz verkaufen wollte.

Er drohte mir: „Wenn du deinen Bauplatz verkaufst, verklage ich dich."

Was er dann auch tat, die Verhandlung war beim Amtsgericht in Koblenz.

Meinem Arbeitskollegen hatte ich den Bauplatz verkauft.

Der baute dann einen Bungalow auf das Grundstück, das er von mir gekauft hatte.

Das hätte er besser nicht getan.

Mein Vater und er lagen sich ständig in den Haaren.

Er wusste ja auch nicht, wie er unter meinem Vater als Nachbar leiden würde.

Nachdem mein Vater mich verklagt hatte, hatte ich kein Interesse, nach Hause zu gehen.

Von nun an kümmerte ich voll und ganz um den Umbau des Lokals.

Das natürlich länger dauerte als die drei Monate.

Die ersten Veranstaltungen gingen auch gut vorbei, weil das Wetter mitspielte.

Am 18.01.1978 war eine Fastnachtsveranstaltung angesagt, am Morgen dachte ich noch:

Dann haben wir noch Glück mit dem Wetter, denn es war noch 8 Grad warm.

Dann kam der Schock, gegen 16.00 Uhr gab es einen Wettersturz, um die 18 Grad.

Es wurde in der Nacht stark frostig und wir bekamen die Bude nicht warm, das Wasser auf den Toiletten und der Treppe, wo sich die Damentoilette befand, machte alles zur Eisbahn.

Die Gäste schrien:

„Hier kann man ja nicht mehr feiern!"

Es war ein Desaster, ich glaubte, das wäre das Ende.

Als es wärmer wurde, setzte ich die Umbauarbeiten fort, die Heizung war fertig, neue Toiletten waren fertig, aber es hatte bis zum Herbst gedauert.

Der Gastraum wurde von der Brauerei eingerichtet und die Decke des Saals wurde mit 10 cm dicker Glaswolle abgedeckt.

Der nächste Winter stand vor der Tür, der ja im November schon begann und die erste Großveranstaltung gleich dazu.

Die Verantwortlichen, der Gesangverein, fragten mich dann, wie weit ich mit dem Umbau der Gaststätte vorangekommen sei.

Nach der Besichtigung der Räume sagten sie dann:

„Dann können wir es ja mal wieder wagen, bei dir zu feiern."

Früher mussten die Leute in dem Gässchen vor dem Lokal warten, bis sie eingelassen wurden.

Das war dieses Mal alles anders, die Stühle bekamen Nummern und Karten wurden vorher verkauft.

Die ersten Gäste kamen und staunten nicht schlecht, wahr ja auch alles neu in der Gaststätte, aber auch warm.

Ich sagte:

„Ich habe auch, im Saal eine neue Deckenheizung eingebaut."

Dann kamen die ersten Gäste, sie brauchten ja nicht mehr zwei bis drei Stunden vor dem Lokal zu warten. Früher mussten sie immer mit Getränken versorgt werden, um die Wartezeit zu überbrücken.

Das waren sie schon betrunken, bevor die Veranstaltung anfing.

Als die ersten eingelassen wurden, war die Raumtemperatur so 19 Grad warm.

Die Überraschung kam so nach einer Stunde.

Einige liefen raus und sagten:

„Das hält man ja nicht aus, ich brauch ein Handtuch, um den Schweiß abzuputzen, mir ist viel zu warm."

Jetzt wusste ich, ich hatte gewonnen.

Die Arbeiten hatten sich gelohnt.

Daraufhin kamen alle Vereine zum Feiern.

Der Gesangverein, die Feuerwehr, der Schifferverein und sogar Modeschauen wurden veranstaltet.

Der beste Verein war der Schifferverein, der lud internationale Gäste ein zu seinen Feiern und es gab einen Flaschenweinzwang. Dafür musste ich immer die Weine aussuchen bei den heimischen Winzern.

Im Sommer hatten wir auch täglich auf der Bühne eine Vorführung und Verkauf von Sprudelbädern für die Füße.

Da kamen jeden Tag ein bis zwei Busse.

Das Beste daran war, der Busfahrer meldete schon von unterwegs, wie viele Personen etwas zu essen benötigten, denn es musste schnell gehen, die Leute sollten ja viel kaufen.

Wenn die Leute im Saal waren und gegessen sowie ein Glas Wein oder Bier hatten, wurde der Saal zugemacht und keiner kam mehr raus, bis die Verkaufsveranstaltung zu Ende war.

Dann bekam jeder als Geschenk Wurst, Brot und Wein mit.

Davon profitierten der ansässige Bäcker, Metzger und der Winzer.

Wir hatten bei den Weinfesten sogar Stammgäste, die jedes Jahr wiederkamen.

Mit dem Kegelclub fuhren wir jedes Jahr auf Kegeltour, was meiner Frau nicht passte, oder wenn ich hinter der Theke stand und eine Frau mich anlachte, hatte ich die Hölle.

Dann ging ich mit meinem Hund spazieren, das war manchmal nicht auszuhalten.

Sonst ging ich weiter zu meiner Arbeit bei der Bahn in Rüdesheim.

Danach kam ich zu der Signalmeisterei Wiesbaden, wo ich dann in den Bahnhöfen KampBornhofen, Sankt Goarshausen, Geisenheim, Eltville und Rüdesheim eingesetzt wurde.

Wenn ich dann abends nach Hause kam, schlug mir schon eine Fahne entgegen, meine Frau saß ja an der Quelle.

Als ich das mehrmals feststellte, stellte ich sie zur Rede, ich fragte sie:

„Warum trinkst du?"

Sie sagte dann zu mir:

„Ich trinke doch nicht, da waren doch der Hans und der Jupp, die alten Lotsen."

Darauf antwortete ich: „Ich glaube, die trinken doch keinen Schnaps."
Darauf bekam ich keine Antwort.
Als ich in der Dienststelle in Wiesbaden war und in Richtung Bahnhof ging, kam mir die Idee:
Du hast ja noch Zeit, bevor du dich wieder ärgerst, kannst du ja mal in die Altstadt gehen.
Da war ein nettes Lokal, eine kleine Bar, da gehst du mal rein.
Ich saß alleine an der Bar, hinter dem Tresen war eine gutaussehende Dame.
Nach einer Weile kamen wir ins Gespräch und ich erzählte ihr von meinen Problemen zu Hause.
Das dauerte länger und ich vergaß die Zeit.
Sie sagte zu mir:
„Wenn du ein Problem bekommst, wenn du nach Hause kommst, dann kannst du zu mir kommen."
Nach einer langen Nacht kam ich morgens nach Hause, meine Frau sagte:
„Wo kommst du her, da kannst du gleich wieder hingehen."
Ich hatte ja die Einladung von Maria aus der Bar, die in Gensingen wohnte.
Zur Arbeit zu kommen, war auch kein Problem.
Von Gensingen mit dem Auto nach Bingen an die Rheinfähre und nach Rüdesheim.
Also zog ich bei Maria ein.
Als die Veranstaltungen losgingen, rief mich meine Frau an:
„Du musst kommen, ich brauche dich wieder hinter der Theke."
Als die ersten Veranstaltungen wieder anfingen, sagte ich dann zu.
Ich musste dann aber immer bis um 6 Uhr morgens warten, weil dann erst die Fähren in Kaub oder Rüdesheim fuhren, sonst hätte ich über Koblenz oder Mainz fahren müssen, weil es dort nur Brücken gibt.
Morgens, wenn die Veranstaltungen zu Ende waren, rechnete ich erst mit den drei Bedienungen die Bons ab und dann mit ihr.

Wenn ich dann mit ihr abrechnen musste, kam es immer zum Streit, sie sagte:
„Das stimmt ja alles nicht."
Dann bin ich erst einmal nach Gensingen gefahren, kaum angekommen, läutete das Telefon und meine Frau war dran:
„Du musst sofort zurückkommen, wir müssen abrechnen."
Dann wurde so abgerechnet, dass es stimmte, aber für mich.
Denn rechnen war ihre Schwäche, dann wurde alles in die Kassenbombe gepackt, auch meine Überweisungen und das Geld.
Auf dem Wege zur Bank nahm ich das übrige Geld heraus, da ich ja den Schlüssel auch für den außenliegenden Banktresor brauchte.
Es konnte ja kein Überschuss in der Bankbombe sein, diese Bankbombe wurde dann in den Außertresor, der Bank eingeworfen.
Der Geldbetrag und der in der Bombe mit eingelegte Einzahlungsschein, mussten übereinstimmen, deswegen war ich ja auch gerne zurückgekommen, da ich ja wusste, wie meine noch Frau reagierte.
Dann fuhr ich wieder nach Gensingen zurück, weil ich mich um den Sohn von Maria kümmern musste, weil sie nachts arbeitete.
Manchmal war bei uns die Hölle los, dann kamen viele Geschäftsleute aus Wiesbaden zu uns zum Feiern, die alle Maria kannten.
Dann hatte ich eine neue Aufgabe, ich musste darauf achten, dass es unter den Gästen keinen Streit gab und sie im Notfall aus dem Hause entfernen, ich war dann der Bodyguard.
Sie hatte auch noch einen Freund, der war nur für die Versorgung von uns zuständig, der war aus Oestrich-Winkel und hatte dort ein Lebensmittelgeschäft.
Er wollte mit Maria leben, aber sie wollte das nicht.
Wir waren immer gut versorgt, der hätte alles für Maria getan, Maria wusste immer, was sie wollte, sie war sehr berechnend, was auch bei uns manchmal zum Streit führte.

Nach einem guten Jahr hatte ich auch die Nase voll von ihr, ich wollte nicht so enden wie der Horst, der sie immer geliebt hatte und dadurch sein Geschäft verlor.

Suchte mir ein Zimmer in Oestrich-Winkel, wo ich es auch nicht weit nach Rüdesheim hatte und die Fähre nicht mehr brauchte.

Aber jetzt brauchte ich ja wieder zum Beispiel Waschmaschine und einen Trockner, musste jetzt meine Wäsche selber machen.

Da meine Mutter ja schon am 02.05.1972 gestorben war, war das eine schlimme Zeit für mich, was ich heute weiß, sie hatte Gebärmutterkrebs, zu der Zeit wurde darüber nicht gesprochen.

Mein Vater heiratete dann wieder.

Ich versuchte dann, als ich in Oestrich-Winkel wohnte, mit ihm wieder Kontakt aufzunehmen.

Wir hatten ja ca. sieben Jahre keinen Kontakt, nachdem er mich vor Gericht gebracht hatte, wo ich verurteilt worden war wegen des Grundstücksverkaufes im Lotzengraben.

Da stellte sich im Nachhinein heraus, dass nicht das Grundstück gemeint war, sondern die Anliegergebühren.

Ich fuhr zu ihm, wo er wohnte, nachdem ich geklingelt hatte, und er an der Tür war, das Erste, was er sagte, war:

„Wo kommst denn du her, komm rein."

Wir versöhnten uns dann erstmal.

Als ich dann wieder wegfuhr, musste ja am nächsten Tag wieder arbeiten, fragte ich ihn:

„Wenn ich in vierzehn Tagen wiederkomme, kann ich dann meine Wäsche mitbringen?"

Er sagte:

„Das ist egal, die Hauptsache ist, du kommst wieder, dann ist ja auch Pfingsten."

Da ich wieder über Pfingsten zu Hause war und meine Wäsche mitgebracht hatte, wollte ich auch meinen alten Freund Walter besuchen, der Geburtstag hatte.

Er sagte zu mir:

„Wollen wir heute Abend mal ausgehen, ich kenne ein schönes Lokal, da haben wir bestimmt ein wenig Spaß."

Also gingen wir am Pfingstsamstag in das Lokal, um den Geburtstag von meinem Freund, den ich schon lange nicht mehr gesehen hatte, zu feiern.

Wir saßen an der Theke und hatten gerade ein Pils bestellt. Hinter uns war die Eingangstür, die auf einmal aufging und eine Frau tauchte auf.

Sie fing an zu lachen und ich lachte zurück, da ergriff ich die Initiative und winkte ihr zu, sie solle sich zu uns setzen, was sie auch tat.

Sie lud mich dann ein, den nächsten Tag an den Campingplatz zu kommen, wo sie sich aufhielt wegen Pfingsten.

Sie arbeitete in der Brauerei in Braunfels und besuchte immer mal die Kunden, die sie nur vom Telefon kannte, sie nahm immer nur die Bestellungen der gebrauchten Getränke auf.

Wie sie später sagte, war das Zufall oder Schicksal, dass sie an dem Tag in das Lokal kam.

Sie hatte eigentlich was anderes vorgehabt.

Nach dem Besuch auf dem Campingplatz verabredeten wir uns öfters zu Treffen.

Am 01.08.1986 heirateten wir dann und zogen nach Braunfels.

Aber meine Arbeitsstelle war weiterhin Rüdesheim, um dahin zu kommen, musste ich von Braunfels mit dem Auto nach Limburg fahren, von dort aus mit dem ersten Zug nach Lahnstein, von Lahnstein nach Rüdesheim, sodass ich um 8:00 Uhr pünktlich auf der Arbeitsstelle war.

Das machte ich eineinhalb Jahre lang, bis ich dann nach Frankfurt am Main versetzt wurde.

Ich wurde dann als Schaffner ausgebildet und im Prüfdienst eingesetzt.

Bevor ich heiratete, wurde ich in Sankt Goar geschieden.

Dabei wurde, damit die Scheidung schnell über die Bühne ging, ein Vergleich abgeschlossen.

Das war im Jahr 1985, der Vergleich beinhaltete, dass ich ein Drittel und sie zwei Drittel der Schulden, die aus dem Umbau des Gasthauses stammten und weiterhin der Bank zurückbezahlt werden mussten, übernahm.

So ginge die Scheidung schnell über die Bühne, denn ich wollte ja wieder heiraten.

Im Jahr 1988, ich war gerade zwei Jahre verheiratet, und es war kurz vor Weihnachten, ich brauchte noch ein wenig Geld, um ein paar Geschenke zu kaufen und am Automaten Geld abzuheben.

Wurde ich überrascht, die Bankkarte wurde eingezogen.

Ich ging auf die Bank, um das zu klären, warum meine Karte eingezogen wurde. Ich bekam die Antwort: Hier liegt eine Lohnpfändung vor.

Die zwei Banken, die meine Ex-Frau bedienen sollte, wurden nicht bedient.

Also kam es am 15. April 1988 zur Versteigerung des Gebäudes, aber keiner hatte Interesse daran.

Da kam einer der Gläubiger auf mich zu und sagte zu mir: „Warum steigerst du nicht selbst?"

Ich gab ihm zur Antwort:

„Wie soll das gehen mit meiner Kontosperrung und einer Lohnpfändung?"

Also fuhr ich wieder nach Braunfels zurück ohne ein Ergebnis.

Danach ging ich wieder wie gewohnt meiner Arbeit nach.

Es wurde ja nur ein Bruchteil meines Lohnes gepfändet, aber mein Arbeitgeber sagte, ich müsse davon wegkommen, sonst hätte ich auf die Dauer ein Problem.

Da spielte der Zufall oder das Glück mit.

Eines Tages, wir saßen mal wieder zusammen beim Mittagessen in der Gaststätte, was wir ab und zu taten.

Mein neuer Arbeitskollege, der bei uns im Trupp eine Ausbildung machte, mit dem kam ich ins Gespräch und erzählte ihm von meinen Problemen.

Er sagte zu mir:

„Ich kenne da jemanden, der hat mir auch geholfen.

Ich will dir aber nichts versprechen, aber ich rede mit ihm."

Ein paar Tage später kam er morgens auf die Arbeit und sagte zu mir:

„Ich habe mit ihm gesprochen, er will dir helfen."

Er wohnte in einem kleinen Dorf im Lahn-Dill Kreis, wir machten einen Termin bei mir und er kam dann auch zu mir.

Er kam, sah sich mein Problem an und sagte: „Ich brauche ein bisschen Zeit", und fuhr wieder weg.

Es dauerte ca. zwei Monate, für mich war es eine lange Zeit des Wartens.

Nach ein paar Tagen rief er mich an und sagte: „Ich habe jetzt mit den drei Gläubigern gesprochen, die sind bereit, auf die Hälfte der Summe zu verzichten."

Also von 180.000 DM auf 90.000 DM:

„Es ist immer noch viel", sagte ich.

Er sagte zu mir:

„Mach dir keine Gedanken, das klappt schon.

Ich habe einen Freund, der ist Bänker und der ist auch der Vorsitzende der Bank und der will das mit uns machen.

Deine Aufgabe ist, deine Ex-Frau zu überzeugen, dass sie dir das Haus verkauft."

Also fand ich heraus, wo meine Ex-Frau arbeitete, in der Küche eines Lokals in Rüdesheim.

Ich nahm Kontakt zu ihr auf und besuchte sie an ihrer Arbeitsstelle in Rüdesheim.

Ich sagte ihr, was ich vorhatte, sie sagte zu mir:

„Nein, nicht mit mir."

Darauf antwortete ich ihr:

Wenn das nicht klappt, bist du daran schuld, überlege es dir gut.

Wenn du jetzt nicht mir hilfst, gehe ich zu deinem Chef und dann bekommst du ein richtiges Problem."

Ich glaube, das überzeugte sie dann und nach einer längeren Pause sagte sie:

„Ich glaube, mir bleibt ja nichts anderes übrig, als dem Verkauf an dich zuzustimmen."

So lösten wir alle im Guten das Problem und ich konnte die Gaststätte kaufen.

Jetzt war ich wieder Lokalbesitzer.

Die Mutter meiner Ex-Frau, die Wirtin, die wollte ich nicht mehr verpflanzen, da ließ ich sie im Haus, sie bezog dann später meine alte Wohnung.

Ich räumte ihr ein persönliches Wohnrecht ein, das nicht mehr im Grundbuch eingetragen war.

Das nächste Problem wartete schon auf mich, wie ging es weiter, da meine jetzige Frau nicht an den Rhein wollte, der Mittelrhein war ihr zu eng.

Aber die Vereinsvorsitzenden hatten mitbekommen, dass ich das Lokal wieder gekauft hatte.

Sie fragten mich, ob ich das Lokal wieder eröffnen wollte.

Ich wollte es versuchen, nachdem ich mir einen Überblick verschafft hatte, da kein Mobiliar mehr da war.

Das war für mich kein Problem, da meine jetzige Frau in einer Brauerei in Braunfels arbeitete und es mit ihr und der Brauerei abgesprochen war und ich ein Okay bekam, konnte ich gleich zusagen.

Die Brauerei belieferte mich mit allem, was ich brauchte.

Am Abend sollte dann die erste Veranstaltung stattfinden.

Die Mutter meiner Ex-Frau kam am Mittag zu mir und fragte mich, ob ich noch Gläser gebrauchen könne.

Was ich nicht wusste, dass meine Ex-Frau noch in einem Zimmer kistenweise Gläser gehortet hatte im Glauben, da käme ich nicht ran, weil ihre Mutter noch in der Wohnung wohnte.

Aber die Mutter kam zu mir, fragte mich:

„Kannst du die Gläser gebrauchen?"

Ich sagte: „Auf jeden Fall kann ich die Gläser gebrauchen."

Also räumte ich das Zimmer aus und brachte alle Gläser in mein unten gelegenes Lokal.

Das bekam dann meine Ex-Frau auch mit, denn sie war ja noch zu Besuch bei ihrer Mutter.

Sie kam aufgeregt zu mir und sagte, ich solle sofort alles zurückbringen, sonst hole sie die Polizei.

Ich sagte zu ihr nur:

„Mach, was du willst."

Am Abend war eine Faschingsveranstaltung vom Gesangsverein, etwa 300 Gäste.
Hatte mich auch verkleidet als Sträfling.
Meine Ex-Frau hatte mich ja wegen Diebstahl angezeigt.
Ich stand hinter der Theke, so wie früher gab ich die Getränke an die Bedienung aus.
Die Tür ging plötzlich auf und zwei Polizisten standen vor mir.
Sie fragten:
„Sind Sie der Wirt hier?" Ich sagte ja.
Hier läge eine Anzeige wegen Diebstahl vor.
„Wer ist denn der Hausbesitzer?", fragte ein Polizist.
Ich antwortete: „Das bin ich."
Sie sagten:
„Dann müssen wir unverrichteter Dinge gehen, denn Diebstahl im eigenen Haus gibt es nicht."
Alles lachte und die Veranstaltung konnte fortgesetzt werden.

Am nächsten Tag forderte ich dann meine Ex-Frau auf, sich eine Wohnung zu suchen und mein Haus zu verlassen.

Als sie dann eine Wohnung gefunden hatte, wollte sie immer noch nicht ausziehen.

Da die neue Wohnung nicht weit von der alten Wohnung lag, direkt am Hochwasserweg, kam ich mit meinem Schwager und wir hängten die Klamotten auf eine lange Stange und brachten sie wie die sieben Schwaben zu ihr.

Weil ja ihre Mutter in diese Wohnung sollte, weil ich die größere Wohnung vermieten wollte.

Da ja meine Frau nicht mit mir das Lokal betreiben wollte, musste ich einen Pächter suchen.

Dafür war der erste Stock vorgesehen, da er auch eine Wohnung brauchte.

Die Außenfassade, die auch in die Jahre gekommen war, musste erneuert werden.

Dann brauchte ich eine neue Einrichtung und Bestuhlung in der Gaststätte.

Die wurde von der Brauerei aus Koblenz eingebaut.

Ich wollte zu Ostern neu eröffnen.

Ich hatte eine Anzeige aufgegeben und ein Interessent aus Frankfurt am Main meldete sich, der dort auch ein Lokal hatte.

Ihn nahm ich dann.

Bei der Eröffnung sollte ich dabei sein und verschob deshalb meinen Urlaub in Italien am Gardasee.

Ich sagte zu meiner Frau:

„Wir fahren nach Kaub und ich fahre hin, ich denke, ich muss mit den Gästen etwas trinken, die den neuen Wirt kennenlernen wollen."

Es wäre schön, wenn du dann zurückfahren könntest.

„Ja, so machen wir es", sagte meine Frau.

Aber es kam ganz anders, als wir besprochen hatten.

Morgens, als der Letzte gegangen war und ich mit jedem Gast, der gekommen war, ein Pils 0,3 l und einen Slivovic getrunken hatte, sagte ich zu meiner Frau:

„Jetzt können wir nach Hause fahren".

Daraufhin sagte sie zu mir:

„Aber du musst fahren, ich traue mich nicht, die Strecke zurückzufahren, da gibt es zu viele Kurven."

Der Weg führte über Katzenellenbogen, Schaumburg nach Dietz, Limburg, Weilburg nach Braunfels.

Was blieb mir anders übrig, als zu selbst zu fahren, da wir den nächsten Tag in den Urlaub fahren wollten.

Ich ging dabei ein großes Risiko ein, es hätte was passieren können oder ich hätte in eine Kontrolle kommen können, aber es ging noch einmal gut.

Ich hatte wieder mal Glück, wie so viele Male in meinem Leben.

Wenn ich heute so zurückdenke ...

Da war mit vier Jahren der Motorradunfall, mit sechs Jahren, ich war gerade in die Schule gekommen, das Wetter war im Mai schon schön, da ging es an die Lahn, wo wir ein Strandbad hatten.

Beidseitig des Lahn-Ufers führten Treppen ins Wasser, wo die weiße Wäsche von den Hausfrauen gebleicht wurde.

Über die Lahn führte ein Steg, da die Lahn in diesem Bereich einen Bogen macht, führte vom Anfang des Bogens bis zum Ende des Bogens ein Kanal mit einer Schleuse. Dadurch war der Innenteil, wo viele Schrebergärten waren, eine Insel.

Hinter der Treppe war ein Wehr, wo die Lahn gestaut wurde, denn seitlich davon führte ein Graben zu der Mühle, wo ein Wasserrad angetrieben wurde.

Zwischen der Treppe und dem Wehr, so etwa 10 m entfernt, war es sehr seicht, da konnte man mit den Händen auf den Boden kommen, so brachte ich mir selbst das Schwimmen bei.

Eines Tages, es war wieder das Strandbad gut besucht, ging ich wieder an die Lahn und konnte jetzt schon ganz gut schwimmen.

Ich schwamm von der Treppe aus bis zur Mitte des Flusses, der 30 m breit war und zurück.

„Du schaffst es auch von Treppe zu Treppe", sagten ein paar Mitschüler zu mir.

Darauf antwortete:

„Ich schaffe es auch zurück:

„Das schaffst du nicht", sagte einer meiner Mitschüler.

„Ich probiere das aus", sagte ich zu ihm und schwamm los, auf der anderen Seite angekommen, drehte ich um und schwamm zurück.

Ca. 5 m vor dem rettenden Ufer verließ mich meine Kraft und ich versuchte zu stehen, was mir aber nicht gelang, ich versuchte es immer wieder, bis einer am Ufer bemerkte, dass da etwas nicht stimmte.

Er kam mir zu Hilfe und zog mich aus dem Wasser und brachte mich an Land.

Am Ufer angekommen, drückte er mir solange auf den Bauch, bis alles Wasser, was ich geschluckt hatte, wieder raus war.

Zu Hause sagte mein Vater:

„Das machst du nicht noch einmal, du hast ab sofort Lahn-Verbot."

Das Verbot wurde bald wieder von mir ignoriert, das war auch gut so.

Wenn ich das nicht getan hätte, hätte ich immer noch Angst vor Wasser.

Das nächste Mal hatte ich Glück, das war am 10. Juli 1965, es war ein Arbeitsunfall.

Da wir zu dieser Zeit alles zu Fuß machen mussten, hatte sich in der Stadt ja angeboten

und nur der Chef ein Auto hatte, wurde die Werkzeugtasche auf den Buckel gepackt und dann ging es los.

Da ich immer mit dem Fahrrad zur Arbeit kam, ich hatte bis dahin nur einen Moped-Führerschein, war die Arbeitsstelle mit dem Fuß zu weit und die Straße hatte zudem 16 Prozent Gefälle.

Da dachte ich:

Du fährst mit dem Fahrrad hin und schaust dir die Arbeitsstelle an und schreibst auf, was du für Material brauchst, es ist sowieso gleich Feierabend.

Gesagt, getan, fuhr hin und machte das so, wie gedacht.

Dann setzte ich mich auf das Fahrrad und fuhr wieder zurück in die Firma.

In Gedanken schon den Feierabend im Kopf, ließ ich das Fahrrad laufen an einer Kreuzung, wo mehrere Straßen zusammenführten, nahm ein Auto mir die Vorfahrt.

Ich flog über das Auto.

Im Krankenwagen kam ich dann wieder zu mir.

Im Krankenhaus wurde festgestellt, am Kopf war teilweise die Kopfhaut weg und die Haare, am Bein hatte ich eine große Wunde.

Ich bekam 600 DM Schmerzensgeld und ein neues Fahrrad.

Dann kam der 03. Juni 1975, ich war wieder mal auf der Baustelle meines Hauses, ich war fast fertig mit dem Rohbau, da passierte es.

Zu dieser Zeit musste alles mit der Hand gemacht werden, so wurden die Steine vom Lastwagen abgeladen und aufgesetzt, dann mit der Schubkarre auf die Baustelle gebracht, um sie dann zu vermauern.

Die letzten drei Hohlblocksteine musste ich dann über eine Schräge hinaufhieven, die ich mit Bohlen angebracht hatte, da der Keller höher war als die Straße.

Weil es die letzten Steine waren, war ich schon im Gedanken: Gleich hast du es geschafft.

Als es passierte, rutschte ich aus, der Schubkarren kippte und die Steine schlugen mir auf den Kopf.

Ich griff mir an den Hinterkopf, da war Blut.

Ich setzte mich ins Auto und fuhr ins Krankenhaus, wo mir die Wunde am Kopf genäht wurde.

Dann fuhr ich wieder nach Hause, es hätte ja niemand gemerkt, was mir passiert war.

Denn ich baute das Haus fast allein.

Zu Hause angekommen, wurde nur gefragt: „Was ist denn dir passiert, du hättest ja mal was sagen können."

Da musste ich feststellen, dass meine damalige Frau kein Interesse an dem Haus hatte.

Also ließ ich dann noch das Dach draufmachen und die bestellten Fenster einbauen, dann wurde das Haus verkauft.

Mir wurden bei der Scheidung 20.000 DM für meine geleistete Arbeit zugesprochen.

Mein damaliger Schwiegervater wollte das Geld, er meinte, ich hätte ja den Bauplatz geschenkt bekommen.

Ich konnte mir dafür ein neues Auto kaufen, einen GTE, gelbschwarz Opel Kadett mit 105 PS.

Da meine Frau mich morgens zum Zug gefahren hatte, um an diesem Tag das Auto für sich zu haben.

Aber was ich nicht gemerkt hatte, sie hatte 1,4 Promille Alkohol im Blut.

Sie rammte ein anderes Fahrzeug und landete an der Mauer, es war ein Totalschaden.

Für die Baustelle hatte ich mir einen Ford Kombi gekauft, der schon etwas älter war.

Das nächste Mal, was mich fast das Leben gekostet hatte, war ein Durchbruch des Darmes durch die Bauchdecke, das hätte zum Darmverschluss führen können, das war im Jahr 2001.

In diesem Jahr reichte ich auch die Scheidung meiner dritten Ehe ein.
Ich wollte die gesamten Schulden loswerden, die ich von 1994 bis 2001 gemacht hatte.
Ich nahm mir einen Anwalt, um die Insolvenz durchzuführen.
Am 18.02.2002 wurde ich dann geschieden.
Warum es dazu kam, erzähle ich jetzt.
Da meine damalige Frau nicht nach Kaub wollte, lag sie mir ständig in den Haaren und sagte zu mir:
„Wir können doch die Gaststätte verkaufen, dafür ein eigenes Haus kaufen."
Nach einiger Zeit um des Friedens willen gab ich dann nach, denn sie nervte immer wieder.
Alle übergaben wir den Verkauf an einen Makler in Eltville.
Der sollte einen Käufer suchen.
Nach einer längeren Zeit, wir waren gerade auf Teneriffa im Urlaub, bekamen wir ein Fax ins Hotel.
Der Makler hatte jemanden gefunden, der Interesse an unserer Gaststätte hatte, der gerne unser Haus wollte, wir sollten nur unterschreiben, dann ginge alles in Ordnung.
Also unterschrieben wir das Fax und schickten es zurück an den Makler.
Als wir aus dem Urlaub zurück waren, ging der Verkauf der Gaststätte über die Bühne.
Was wir nicht wussten, dass der Makler einige Punkte, die wir vereinbart hatten, vergessen hatte.
Zum Beispiel: das Inventar und die Kredite der Brauerei und das Wohnrecht auf Lebenszeit, der Mutter meiner Ex-Frau.
Meine Frau sagte zu mir:
„Da gibt es kein Problem, ich möchte, dass wir uns ein Haus kaufen."
Zum Glück war ein Haus in der Nähe, was zur Versteigerung stand, günstig zu erwerben.
Die Bausparkasse Schwäbisch-Hall bot das an.
Wir setzten uns mit dem Makler der Bausparkasse in Verbindung.

Der Makler sagte: „Wir wollen 175000.- DM haben."
Meine Bank war damit einverstanden, so sagten wir zu und es kam zum Vertrag.

Am Tag der Versteigerung am Amtsgericht in Braunfels musste ich aber noch den Scheck für die Anzahlung bei meiner Bank holen.

Da war nur ein Problem, ich hatte nur eine Stunde Zeit dafür.

Es waren mehrere Interessenten, da fragte der Richter, der die Versteigerung leitete:

„Gibt jemand ein Gebot ab?"

Also gab ich ein Gebot ab, ich hatte ja keine Zeit, ich musste ja noch zur Bank, um den Scheck zu holen.

Ich sagte: „175000.- DM", und fuhr gleich los.

War jetzt egal, ob einer in dieser Zeit mehr bot als ich.

Mir war das wichtig, wenn ich es nicht schaffte, rechtzeitig zurückzukommen, wenn ich es nicht in dieser Zeit schaffte und einer bot weniger als ich, musste ich die Differenz zu dem Betrag, den ich mit der Bausparkasse vereinbart hatte, trotzdem bezahlen.

Aber es ging alles gut und ich schaffte es rechtzeitig, zurückzukommen.

Als ich zurückkam, saß nur noch meine Frau da und war froh, dass ich es geschafft hatte.

Als wir dann in das Haus durften, wir kannten das Haus ja nur von außen, waren wir froh, dass keine Zerstörung stattgefunden hatte, die meisten machen, bevor sie das Haus verlassen, vor Wut alles kaputt.

Nachdem wir dann eingezogen waren und uns eingelebt hatten, kam der Schock.

Als Erstes verklagte uns die Brauerei auf Schadensersatz für die vergangenen Einnahmen und das Inventar.

Dann kam das Finanzamt und forderte einen Spekulationsgewinn wegen des zu früh verkauften Hauses in Kaub.

Dann kam auch noch das Sozialamt in Sankt-Goarshausen.

Was war passiert, der neue Inhaber verlangte Miete, ihr blieb nichts anderes übrig, da sie kaum Rente hatte, als sich die Miete vom Sozialamt bezahlen zu lassen.

Da ich ihr ein persönliches Wohnrecht gegeben hatte, wand sich das Sozialamt an mich. Da ich jetzt Geld brauchte, um die Schulden zu bezahlen, brauchte ich einen Nebenjob.

Da war eine Anzeige in der Zeitung für Feuerlöscher, ein selbstständiger Prüfer wurde gesucht, der in seinem Gebiet eine eigene Werkstatt aufmacht und Feuerlöscher verkaufen sollte.

Ich machte nach drei Tagen in Augsburg bei der Firma eine Prüfung mit Ausweis, um dieses Gewerk auszuführen, es waren außer mir noch 28 Männer, die das auch wollten.

Ich hatte den Platz belegt und wurde am Abend im Hotel gefragt, wie viele Feuerlöscher ich bestellen wolle, um gleich zu starten. Ich bestellte von jeder Größe 2 kg fürs Auto, 6 und 12 kg für den Haushalt und 2 und 6 kg für die Küche, eine ganze Palette.

Was ich nicht wusste, die Feuerlöscher waren viel zu teuer im Einkauf. Ca. 500 DM das Stück.

Da bekam ich einen Anruf von einem, der auch bei der Firma bestellt hatte.

Der fragte mich, ob ich schon Feuerlöscher verkauft hätte, ich sagte nein.

Er antwortete, er hätte alle zurückgeschickt und er hätte eine Firma gefunden, wo er den gleichen Feuerlöscher für 80.- DM einkaufen könnte, und ob ich Interesse hätte und auch beliefert werden wollte. Ich sagte: „Klar will ich das auch", und ließ die Palette mit Feuerlöschern abholen.

Jetzt begann auch bei mir das Geschäft mit den Feuerlöschern. Das war im Jahr 1993.

Ich baute in den neun Jahren, von 1993 bis 2002, ca. über 2.000 Kunden auf.

Aber das reichte nicht, um alles zu bezahlen.

Zu dieser Zeit war ich auch noch bei der Bahn, die im Umbruch war.

Die Deutsche Bundesbahn wurde zur Deutschen Bahn.

Da gab es ein Angebot, wenn man die Deutsche Bundesbahn verlassen wollte, gab es eine Abfindung von 30.000.- DM.

Ich war jetzt 23 Jahre bei der Bahn, hatte schon 25-Jähriges gefeiert, weil ich schon 29 Dienstjahre hatte und unkündbar war. Wenn man das 40. Lebensjahr erreicht hatte, war man unkündbar.

Da ich die Zeit vor der Bahn und die Lehrzeit als meinen Beruf, den ich vorher ausgeführt hatte, anrechnen durfte.

Eine gleiche Tätigkeit, die ich jetzt bei der Bahn ausführte, aber es war noch besser, weil ich meinen Traumberuf fand, es war Elektriker an Stellwerken in Hessen.

Das wird es heute nicht mehr so geben.

Aber zum Schluss war ich in der Bundesbahn-Direktion in Frankfurt am Main als Pförtner beschäftigt.

Das gefiel mir schlussendlich nicht mehr.

Da las ich in der Zeitung eine Anzeige:

„Installationsfirmeninhaber sucht Partner, um Firma aufzubauen."

Auf diese Anzeige bewarb ich mich dann und bekam das Angebot, mitzumachen.

Ich sagte:

„Ich fahre erst mal nach Mallorca in den Urlaub, dann entscheide ich mich."

Auf Mallorca entschied ich dann, ich höre auf bei der Bahn.

Am 26.12.1994, an meinem Geburtstag, hatte ich die letzte Nachtschicht bei der Bahn.

Dann fuhr ich einmal nach Dänemark in den Urlaub.

Nach Blavand nördlich von Eisberg.

Zurück meldete ich mich erst einmal arbeitslos und bekam eine Sperre von drei Monaten, weil ich selbst gekündigt hatte.

Dieses fehlende Geld wurde von der Bahn übernommen.

Nach einem längeren Gespräch mit meinem neuen Partner, der eine Werkstatt hatte in der Nähe von Marburg.

Die Werkstatt war aber leer, ohne Werkzeug.

Er fing dann an, die ersten Angebote einzuholen.

Etwa nach einem Jahr kamen die ersten Aufträge.

Dann gründeten wir eine GBR.

Heute weiß ich, das ist die gefährlichste Geschäftsform.

Ich meldete die Firma und bekam ein Jahr lang einen Zuschuss vom Arbeitsamt und mein Partner hatte schon den ersten Mitarbeiter, der auch gefördert wurde.

Zu dieser Zeit hatte ich eine Freundin, die unbedingt mit mir arbeiten wollte, das passte meiner Frau nicht.

Nach einer längeren Zeit stellte sie mir ein Ultimatum: sie oder ich.

Ich entschied mich noch einmal für sie.

Aber gleichzeitig hatte ich noch eine Freundin im Hintergrund, wovon sie nichts wusste.

Mein Partner war besessen davon, dass die Firma einen guten Start bekam.

Er holte ein Angebot nach dem anderen ein.

Dass wir dann einen Zuschlag nach dem anderen bekamen, freute mich zuerst.

Bis ich dann mit der Arbeit auf den Baustellen anfing und Material gekauft hatte.

Wir bekamen in kürzester Zeit fünf Baustellen zugesprochen, das war einfach zu viel für uns.

Ich brauchte ca. sechzehn Mitarbeiter und hatte zwei Lehrlinge, das war noch nicht alles, die Baustellen brauchten ja auch Werkzeug und Material sowie Fahrzeuge.

Eine Bank aus dem Kreis Marburg-Biedenkopf finanzierte das erst einmal.

Ich hatte für die Bank gearbeitet, deswegen war der Filialleiter der Bank mir gut gewogen.

Merkte ich langsam, da stimmte ja was nicht.

Das Material war im Einkauf viel teurer als im Angebot stand.

Was ich nicht wusste, dass diese Angebote, die mein Partner abgegeben hatte, zu billig waren, er hatte sich bei den Einkaufspreisen des Materials vertan und zu billig angeboten.

Als ich das feststellte, war es schon zu spät.

Der Verkäufer eines Lieferanten aus Siegen bemerkte es zuerst und sagte zu mir:

„Ich hoffe, wir können an den Preisen noch etwas machen, dass du auch noch was daran verdienst."
Ich brauchte auch noch vier Fahrzeuge, damit die Mitarbeiter auf die Baustellen kamen.

Ich hatte einen Audi A4, mit Autotelefon, meine Frau einen Nissan Kombi und andere waren ein VW Caddy, ein Nissan Terano II mit Allradantrieb, Fiat Ducato, ein Mercedes Sprinter, alles Neufahrzeuge.

Ich hatte zwei Tankstellen, wo wir auf Karte tanken konnten, das wurde am Monatsende abgerechnet, belief sich so gegen drei bis viertausend DM im Monat.

Ich hatte jeden Tag eine Baustellenbesprechung.

Daher musste ich mich auf die Mitarbeiter verlassen können.

Das klappte nicht immer, denn mein Partner hatte eigentlich nur Interesse daran, zu verdienen, er war der Meister.

Den Meister brauchte man im Handwerk.

Das kam aber erst heraus, als er zu mir sagte:

„Ich habe da noch eine Firma mit drei Leuten, die können wir gut gebrauchen bei den vielen Baustellen." Aber gleichzeitig, wenn wir das so machen, müssen wir auch einen Gesellschaftsvertrag machen mit vier Gesellschaftern, das muss fürs Finanzamt sein.

Da ich und der neue Mitarbeiter von mir eingebracht werden, musst du deinen Vater miteinbeziehen, das ist alles nur für das Finanzamt.

Das sagte mein Partner, aber was er damit im Schilde führte, war mir zu diesem Zeitpunkt noch unklar.

Was ich erst später mitbekam:

Er wollte auch von ihm Geld.

Also wurde die Firma umbenannt in die drei Firmeninhaber.

Da wir immer die Weihnachtsfeier und meinen Geburtstag zum Anlass nahmen, um das Jahr erfolgreich abzuschließen.

Da machten wir dann immer eine Feier auf Geschäftskosten.

Im Jahr 1995 bekam ich von meinem Versicherungsagenten ein Angebot:

„Im Nachbarort, wo du wohnst, ist ein Mann gestorben."

Der war Meister in deinem Gewerk, was du betreibst.
Die Frau will das Haus mit der dazugehörenden Werkstatt verkaufen.
Du kannst dir das ja mal ansehen.
Was ich auch tat und stellte fest, da waren Maschinen und Werkzeuge und Material, die ich gut gebrauchen konnte.
Die Frau sagte zu mir:
„Ich will 400.000.- DM dafür haben."
Ich sagte zu ihr:
„Dann können wir nicht was anderes machen, so viel Geld habe ich nicht.
Aber wie wäre es, wenn ich jetzt 70.000.- DM anzahle und Ihnen monatlich eine Rente von 1.000 DM bezahle."
Sie sagte:
„Das muss ich erst mit meinem Sohn besprechen."
Am nächsten Tag rief sie mich an, das könnten wir so machen.
Jetzt hatte ich zwei Häuser und eine komplett eingerichtete Werkstatt.
Da in diesem Haus nicht viel zu renovieren war, zogen wir in das neue Haus gleich ein.
Das andere Haus wollte ich dann vermieten, aber dafür musste ich dann ja eine Heizung einbauen, was ich dann auch tat.
Ende 1996 wollten wir wieder eine Feier machen, da ich 50 Jahre alt wurde, hatte ich geplant, das in einem größeren Rahmen zu machen mit Musik und Familienangehörigen.
Mit Essen und Tanz in dem Gästeraum der Brauerei, wo meine Frau arbeitete.
Aber dann sah ich die Bilanz und die Bank machte mich auch darauf aufmerksam, dass es gut wäre, die Feier abzusagen.
Darauf beschloss ich, alles abzublasen, setzte mich in den Flieger und flog nach Mallorca, um über alles nachzudenken, wie es weitergehen sollte.
Als ich im Januar 1997 zurückkam ging es Schlag auf Schlag.
Die Bank verweigerte mir weitere Zahlungen, die Einnahmen blieben aus, das Staatsbauamt, wo wir gearbeitet hatten, verzögerte die Auszahlung.

Da blieb mir nichts anderes übrig, als erst einmal abzuwarten, wie es weiterging.

Die Baustellen waren bis dahin alle abgeschlossen. Danach musste ich erst einmal die meisten Mitarbeiter kündigen.

Ein Mitarbeiter, den mein Partner mitgebracht und unterstützt hatte, der kündigte selbst.

Er wurde aber von meinem Partner, der inzwischen eine andere Firma gegründet hatte, übernommen.

Er musste bei mir kündigen, weil ich von meinem Lehrling erfahren hatte, dass er ein Haus baute, ein dreistöckiges Gebäude mit seinen zwei Brüdern zusammen.

Ich hatte auch von dem Lehrling, der im Nachbarort wohnte, gehört, dass er, auch wenn er krank war, auf seiner Baustelle gearbeitet haben soll. Mein Partner hatte davon gewusst, mir aber nichts gesagt.

Als er wieder krank gemacht hatte, dachte ich mir:
Da fährst du mal hin.

Also ich an der Baustelle ankam, hörte ich schon Lärm. Ich rief Willi an:

„Bist du da?" Aber es kam keine Antwort.

Auf einmal, als ich mich der Baustelle näherte, kamen mir zwei Personen in Arbeitskleidung entgegen, der eine war Willi und ich dachte, der andere war Bruder.

Am nächsten Tag kam Willi ins Büro und sagte, er möchte kündigen, ich nahm die Kündigung an.

Aber das änderte nichts daran, dass ich in den freien Fall kam.

Jeden Tag brachte der Postbote mehrere Mahnungen, es waren ca. 360 Gläubiger zum Schluss.

Die zwei Häuser wurden versteigert und die Autos abgeholt.

Meine Frau und ich zogen in ein anderes Dorf.

In der Nähe war eine Nagelfabrik, ich war in der Annahme, sie wäre noch intakt.

Wie ich dann feststellte, war ja noch eine Halle frei.

Da waren jetzt mehrere Firmen, ca. zwanzig.

Das ging ich in eine kleine Firma und fragte den Chef, wer der Besitzer sei.

Ich bekam eine Antwort:

„Es gibt keinen Besitzer, aber einen Verwalter, der wohnt auch in dem oberen Wohnblock."

Ich ging zu ihm und fragte, ob die freie Halle zu mieten sei.

Er sagte, die sei so ca. 200m² groß und ich könnte sie haben, was ich damit vorhätte, fragte er mich.

Ich erzählte ihm, was ich vorhatte und was ich für einen Beruf hatte.

Hauptsächlich Feuerlöscherwartung und Hausmeisterservice, das passte gut.

„Dann können Sie ja die Wartung der sanitären Anlagen und der Feuerlöscher übernehmen."

Ich meldete das Gewerbe an und fing an zu arbeiten.

Hatte auch gleich angefangen, alles Material, so wie alles Werkzeug, zu deponieren.

Die größeren Maschinen wie die Abkantbank zum Blechbiegen, die Schlagschere um Tafelblech zu zuschneiden und die Rollenbank zum Fallrohre zu fertigen.

Diese Geräte wurden dann von meinem Schrotthändler, den ich schon aus meiner Gesellenzeit kannte, der einen LKW mit einem Autokran besessen hatte, in meine Halle gebracht.

Dem wir damals schon und heute auch wieder unser Altmaterial brachten und dadurch kannten.

In der Halle nebenan war eine Firma für Klimagerätebauer.

Der Chef hörte auch, was ich so machte, er fragte mich, ob ich die Kälte- und Wärmeanbindung für ihn machen könnte, ich sagte:

„Natürlich mache ich das."

So arbeiteten wir zusammen am Schwimmbad in Frankfurt-Höchst und das Rathaus in Eschborn.

Durch die Feuerlöscher kam ich dann auch in ein Bistro in dem nahe gelegenen Ort.

Da verkaufte ich auch Feuerlöscher.

Da wurde abends immer Darts gespielt, das wurde dann auch meine zweite Heimat.

Dabei war auch die Wirtin des Bistros, ich konnte gut mit ihr.

Eines Tages fragte sie mich:

„Du bist doch Handwerker, mein Freund betreibt eine Haus- und Grundstücksverwaltung, der braucht jemanden, der kleine Arbeiten übernehmen kann."

Wir kamen ins Gespräch und wir einigten uns, dass ich auf Rechnung arbeiten konnte und 60 DM die Stunde bekam.

Da kam ein Großauftrag:

„Kannst du fünfzehn Brandschutztüren einbauen und alles wieder herstellen, es handelt sich um ein altes Fabrikhaus, wo früher Zigarren gefertigt wurden."

Das wurde von der Stadt genutzt, um Obdachlose und Sozialhilfeempfänger unterzubringen.

Da es kürzlich zu einem Brand gekommen war.

Da ordnete die Stadt an, dass in jeder Wohnung im Eingang eine Brandschutztür eingebaut werden sollte.

Ich sagte zu ihm: „Ok das mache ich, wenn ich pro Tür pauschal 5000.- DM bekomme."

Ich bekam das Okay und baute die ersten Türen ein.

Er sagte auch noch zu mir:

„Wir heiraten und du bist eingeladen."

Es war ein rauschendes Fest, das spielte sich alles in einer Turnhalle ab, auch die Trauung.

Wir feierten ausgelassen mit Tanz und Essen.

Keiner kannte den anderen, trotzdem tanzte ich viel.

Nach ein paar Monaten kam die Wirtin zu mir und sagte:

„Du kannst kein Geld für deine Arbeit bekommen."

Ich fragte sie, warum denn nicht.

Sie antwortete:

„Der Wolfgang und ich wir lassen uns scheiden, der hat eine Andere, er ist mit dem Geld, was die Verwalter ihm für die Umbauarbeiten in den Häusern zur Verfügung gestellt haben, ca. 150.00 DM, und ist abgehauen."

Sie verlor sogar das Bistro und ihre Eigentumswohnung, denn sie war mit in der Haftung.

Ich hatte zu dieser Zeit acht Türen eingebaut und bis dahin drei bezahlt bekommen.

Es blieben 25.000 DM, die ich nicht bezahlt bekam.

Also machte ich mit den Feuerlöschern weiter.

Ich hatte einen jungen Mann kennengelernt, der wollte gerne mit mir arbeiten, er kam zu mir und sagte: „Ich kenne da jemanden, der sucht eine Halle.

Der hat 600 amerikanische Briefkästen und sucht eine Halle zum Unterstellen der Briefkästen.

Du hast doch Platz bei dir." Ich sagte ja und die 600 Briefkästen wurden bei mir untergestellt.

Zu dieser Zeit war ich nicht krankenversichert.

Es durfte mir nichts passieren, kein Unfall oder Krankheit.

Mittlerweile hatte ich Probleme mit meiner Frau und dem Gerichtsvollzieher.

Da bot mir ein Kollege aus einer Stadt in Bayern, der auch Probleme hatte, eine Mitgliedschaft in seiner GmbH an.

Das war eine gute Lösung für mich.

Ich trennte die Halle ab, wo alles gute Werkzeug war, und vor der Trennung richtete ich meine Geräte zur Überprüfung von Feuerlöschern und mein Lager für Ersatzteile ein.

Da ich wieder mal eine Freundin hatte, aber meine Frau nichts davon wusste, kam es zum Eklat.

Meine Frau war mit ihrer Freundin im Urlaub, nachdem ich auf Mallorca war.

Abends, als sie aus dem Urlaub kam, sagte sie zu mir:

„Lass uns heute mal in dein Bistro gehen.

Denn ich war noch nie mit dir da und ich freue mich auf ein frisches gezapftes Bier."

Als wir dann das Lokal betreten hatten, kam mir noch in der Tür stehend ein Kind entgegen.

Es war das Kind meiner Freundin, die auf mich gewartet hatte.

Meine Frau bekam einen Schock, damit hatte sie und auch ich nicht gerechnet.

Sie sagte dann nach einer Weile, nachdem sie begriffen hatte, was da los war:

„Heute Abend, wenn wir nach Hause kommen, schläfst du auf dem Sofa, du kommst mir nicht mehr ins Bett."

Am nächsten Tag sagte sie:

„Dann wir ziehen hier aus und jeder sucht sich eine Wohnung."

Da ich auch für die Firma ISTA Heizkörper abgelesen hatte, um Heizkostenabrechnungen zu erstellen, und kein Büro hatte, suchte ich mir einen kleinen Laden in Hungen, in der Nähe, wo meine Freundin wohnte, wo ich auch schlafen konnte, duschen musste ich dann immer im Schwimmbad.

Als der Gerichtsvollzieher wieder mal in meiner Halle erschien, fragte er mich, wo ich jetzt wohnen würde.

Sagte ich zu ihm:

„Jetzt hier und ich schlafe auch hier."

Da sagte er zu mir:

„Hier ist ja nichts zu holen und die Geräte brauchen Sie ja, um Geld zu verdienen, und hinter der anderen Tür ist ja eine GmbH."

Was er ja nicht wissen konnte und durfte, das dahinter war ja auch von mir.

Ich sah ihn nicht mehr danach.

Da kam das, was im schlimmsten Falle nicht passieren durfte, ich schnitt mich an einem Blech.

Da ich keine Krankenkasse hatte, konnte ich auch nicht zum Arzt gehen.

Die Wunde hatte sich stark entzündet.

Mittlerweile hatte sich meine Frau, die auch eine neue Wohnung gefunden hatte, ein wenig von dem Schock erholt.

Sie sagte zu mir:

„Du hast mir geholfen, dass ich umziehen kann, und weil ich gemerkt habe, dass mit meiner Stromrechnung was nicht stimmt, helfe ich dir auch.

Wir sind ja noch verheiratet und da du dich ja arbeitslos gemeldet hast wegen dem Unfall, biete ich dir an, ich lasse dich in meine Krankenkasse aufnehmen, das geht schon."

So war ich wenigstens wieder krankenversichert.

Das mit dem Strom hatte sich schnell erledigt. Ich sagte zu ihr: „Da ist doch was faul."

Da ich Zugang zum Zähler hatte, drehte ich die Stromsicherung heraus.

Kaum war das geschehen, hörte ich einen Schrei aus der Wohnung des Vermieters.

Die Frau des Vermieters saß in der Badewanne und aus dem Wasserhahn kam nur kaltes Wasser.

Also hatten die Vermieter immer auf Kosten meiner Frau gebadet.

Sie suchte sich sofort eine neue Wohnung.

Da ich den Unfall hatte und dadurch nicht mehr arbeiten konnte, entschloss ich mich dazu, die Halle aufzulösen.

Da hatte meine Freundin die gute Idee, ich sollte alles auf dem Flohmarkt verkaufen.

Dafür brauchte ich ein Auto mit Anhängerkupplung und einen Anhänger.

Ich wollte mich ja auch wieder selbstständig machen, um weiterhin Feuerlöscher zu warten.

Da bekam ich von einem Feuerlöscher-Hersteller ein Angebot, der mich früher schon beliefert hatte.

Wir hatten ein neues Produkt.

Es handelt sich um ein Produkt zur Ölspurbeseitigung auf flüssiger Basis.

Dazu brauchte ich auch Geld.

Die Banken gaben mir ja kein Geld.

Da fragte ich den Mitarbeiter der IHK (Industrie und Handelskammer), ob sie mir helfen könnten.

Der Mitarbeiter sagte zu mir, das wäre ein gutes Produkt, ich sollte es den Feuerwehren und den Abschleppfirmen vorstellen.

Wegen des Geldes und der Zulassung des Produktes, sollte ich mich an die Parteien und Ämter wenden.

Was ich dann auch tat.

Nachdem ich sie alle genervt hatte, was ganz schön lange gedauert hatte, bekam ich ein gutes Produkt, das würde alles erleichtern, darum würden sie mir helfen.

Ich bekam 10.000 DM Darlehen, jetzt konnte ich mir ein gutes Auto und einen Anhänger kaufen.
Jetzt konnte ich wieder loslegen.
Aber die Vergangenheit holte mich wieder ein.
Da waren sie wieder, die Gläubiger, und forderten Geld.
Da blieb mir nichts anderes übrig, als Insolvenz anzumelden.
Dazu brauchte ich einen Anwalt.
Als ich ihn gefunden hatte, entschloss ich mich dazu, auch gleich die Scheidung einzureichen.
Die Halle musste auch geleert werden.
Die Metalle, die ich nicht verkaufen konnte, holten der Schrotthändler und ein Trödelmarktbesitzer.
Anfang des Jahres 2002 kam es dann zur Scheidung.
Die Insolvenz hatte ich auch durch, ich musste nur warten, bis die sieben Jahre vorbei waren, 2009 war ich wieder schuldenfrei, ich hatte es geschafft, über zwei Millionen an Schulden loszuwerden.
Aber zurück ins Jahr 2002.
Im Frühjahr ging ich so mir nichts, dir nichts an der Lahn spazieren, da kam mir ein Pärchen entgegen.
Als die beiden näherkamen, erkannte ich einen Schulkameraden, den ich schon lange nicht mehr gesehen hatte.
Er wurde begleitet von einer jungen Frau.
Wir unterhielten uns, sie sprach nur gebrochen Deutsch.
Ich fragte meinen Schulkameraden, aus welchem Land sie kam, er sagte: „Aus Tschechien." Darauf fragte ich ihn später: „ Hat sie vielleicht eine Freundin?"
Er überlegte eine Weile und sagte dann:
„Ja, ich rufe sie einmal an."
Darauf nach dem Anruf:
„Hast du Lust, morgen mit uns nach Eger (Cheb) zu fahren."
Ich sagte:
„Ich habe ja Zeit, dann fahren wir morgen nach Eger."
Am nächsten Tag fuhren wir dann nach Eger.
Wir fuhren dann über Frankfurt am Main, Nürnberg, Waldsassen nach Eger.

Dort trafen wir auf eine junge Frau, die sich vorstellte als Martina, 28 Jahre alt.

Sie sprach wenig Deutsch, es war eine echte Tschechin.

Die Freundin meines Schulkameraden dolmetschte für uns.

Wir verabredeten uns, dass ich Sie am 07. Juni 2002 nach Deutschland holen würde, um erst einmal bei mir zu bleiben.

Ich stellte fest, dass der Weg, den mein Freund gefahren war, ein Umweg war.

Ich suchte mir einen anderen Weg aus, der kürzer war, der führte über Hanau, Würzburg, Schweinfurt, Bamberg, Fichtelgebirge und Grenzübergang Schirnding nach Eger.

Dort angekommen, sahen wir, sie wohnte in einem zehnstöckigen Hochhaus in einer kleinen Wohnung mit der Mutter und der Tochter Sandra.

Also fuhr ich am Freitag los, um sie zu holen.

Wir fuhren auch gleich zurück zu mir.

Ich wohnte zu dieser Zeit bei meinen Eltern in der Kellerwohnung.

Dort angekommen, nahm die kleine Sandra, die da sechs Jahre alt war, den Stoffpandabär in Beschlag und gab ihn nicht mehr her.

Dann beschloss ich, meinen Eltern die kleine Sandra zu zeigen.

Ich nahm sie auf den Arm und ging hoch zu ihnen.

Das hätte ich besser nicht getan.

Mein Vater war ja noch human zu mir und sagte:

„Wo kommt ihr denn her?"

Ich sagte:

„Das ist die Tochter meiner Freundin."

Das hörte meine Stiefmutter, sie schrie gleich los:

„Bring sie sofort wieder weg."

Ich ging dann wieder nach unten, da ging es erst richtig los, sie trampelte und klopfte immer und immer wieder auf den Boden.

Ich bekam keine Ruhe.

Also beschloss ich, sie für die Nacht unterzubringen.

Mein Freund nutzte die Gelegenheit und verlangte von mir 30 DM für die Übernachtung.
Am nächsten Tag fuhr ich beide wieder nach Eger.
Ich muss dazu sagen, meine Stiefmutter war nie verheiratet und hatte meinen Vater durch eine Anzeige kennengelernt. Sie war zu dieser Zeit eine alte Jungfer, die keine Kinder hatte. Am Anfang verstanden wir uns gut, vielleicht wollte sie was von mir.
Aber dazu später.
Nachdem ich Martina und Sandra nach Eger zurückgebracht hatte und wir uns erneut getroffen hatten
und ich zwei Mal in Eger gewesen war, versprach ich ihr, ich käme bald für immer, ich müsste noch meine Halle und meine Wohnung auflösen, dann käme ich für immer nach Eger.
Da war es so weit, ich belud meinen Anhänger mit meinen Feuerlöschgeräten und der Werkbank und ein paar neuen Feuerlöschern.
Dann musste ich noch mit meinem Auto zum TÜV.
Ich hatte Sandra versprochen, dass ich am Nikolaustag am 06. Dezember 2002 kommen würde.
Am Donnerstag den 05. fuhr ich dann zum TÜV, fuhr das Auto morgens hin und sollte es am Nachmittag wieder holen.
Zwischendurch war ich bei meiner Ex-Frau, erzählte ihr nichts von meinen Plänen, wir hatten ein Abkommen:
„Da wir ja jetzt älter wurden, würde ich mich freuen, wenn wir uns gegenseitig helfen würden."
Am Nachmittag wollte ich das Auto wieder vom TÜV holen.
Wie ich dahin kam, sagte man mir:
„Es war ein privater TÜV, sie müssen noch warten, die Bremsen müssen noch erneuert werden, die sind schlecht, das können wir heute nicht machen."
Da sagte ich:
„Ich brauche das Auto dringend am Wochenende, ich komme am Montag, könnt ihr bis da die Bremsen machen?"
Nach langem Zögern sagten sie:

„Na gut, dann machen wir das."
Ich war erleichtert, fast wäre mein Plan in die Hose gegangen.
Am Freitag, den 06.12.2002, ich hatte das Nötigste an Gepäck mit einem Beutel Euromünzen besorgt.
Der Euro wurde gerade eingeführt. Ich sagte niemandem was und fuhr dann einfach los.
In der nächsten Stadt, bevor es auf die Autobahn ging, war plötzlich Schluss.
Was war passiert?
An einer Ampel blieb vor mir ein Fahrschulauto stehen, die Ampel war gerade auf Gelb gesprungen war.
Ich hatte eigentlich noch genügend Abstand, aber der Anhänger schob mich trotzdem leicht auf das Fahrschulauto.
Meine Motorhaube war etwas verbogen und aus dem Kühler rann minimal etwas Wasser.
Also beschloss ich, in den nächsten Supermarkt zu fahren, um eine Flasche Wasser und Spanngurte zu kaufen.
Dann fuhr ich weiter in Richtung Tschechien.
Bei Würzburg hatte ich die Autobahn verlassen, um in Werneck wieder aufzufahren, das war eine Abkürzung.
Kurz hinter Würzburg gab es auf einmal einen Schlag und ich sah nichts mehr.
Bei voller Fahrt hatte sich der Spanngurt, mit dem ich die Motorhaube festgemacht hatte, gelöst und schlug in die Windschutzscheibe, ich sah nur noch ein Spinnennetz.
Dann ging es weiter nach Arzberg, wo ich den Anhänger abstellen wollte.
Mit viel Glück und einer eingeschlagenen Frontscheibe setzte ich die Fahrt fort, es ging dann bis nach Arzberg und ich stellte wie geplant den Anhänger ab.
Dann fuhr ich weiter ohne Anhänger nach Schirnding an die deutsch-tschechische Grenze.
An der Grenze angekommen, fragte mich der Grenzpolizist:
„Was ist passiert und wo wollen Sie hin?
Ich sagte nach Eger (Cheb), da bekam ich die Antwort:

„Wegen mir können Sie weiterfahren, wenn es der tschechische Grenzpolizist zulässt."

Ich fuhr weiter zum tschechischen Grenzpolizisten, der sagte: „So können Sie nicht einreisen, fahren Sie zurück nach Deutschland."

Also blieb mir nichts anderes übrig, als zurückzufahren.

Ich fuhr wieder zurück nach Arzberg und hängte meinen Anhänger an.

Da ich ja an dem Nikolaustag meiner kleinen Sandra eine Freude machen wollte, musste ich sehen, wie ich über die Grenze kam.

Da fiel mir ein: Von Schirnding aus fährt ein Zug.

Also suchte ich den Grenzbahnhof von Schirnding und stellte mein Gespann dort ab und fuhr mit dem nächsten Zug nach Eger.

Als ich ankam, war die Freude groß.

Jetzt war ich endlich da, wo ich sein wollte.

Meine neue Familie war froh, dass ich endlich bei ihnen war.

Ich ruhte mich erst mal ein paar Tage aus, um dann die Gegend zu erkunden.

Fuhr mit dem Bus nach Pomezi kurz vor der Grenze, das war billiger als mit dem Zug.

Der Zug kostete 5.50€ und der Bus 23 Kronen, etwa 30 Cent.

Später konnte ich eine Fahrkarte in Tschechien kaufen, die kostete 88 Kronen, und wenn sie nicht kontrolliert wurde, hatte sie eine Gültigkeit von zwei Monaten.

Also hatte ich immer eine gültige Fahrkarte in der Tasche.

Nach ein paar Tagen machte ich mich jeden Tag auf, um die Gegend kennenzulernen, vor allen Dingen brauchte ich eine Werkstatt für mein Auto.

Nach einiger Zeit der Suche fand ich dann ein Autohaus, es war zwei Kilometer von Schirnding entfernt.

In Hohenberg an der Eger, dort war eine Autowerkstatt.

Ich fragte nach wegen meines Autos, er war gleich bereit, mit mir nach dem Auto zu schauen.

Ich musste feststellen, dass irgendwas nicht stimmte mit dem Auto, es wollte nicht anspringen.

Der Chef des Autohauses, der mit mir da war, sagte zu mir:
„Dann müssen wir es abschleppen.
Wenn wir es in der Werkstatt abschleppen, mach ich Ihnen ein Angebot."
Ein paar Tage später fragte ich in dem Autohaus nach, was mit meinem Auto wäre.
Ich bekam die Antwort, das zu reparieren, wäre zu teuer.
Er sagte:
„Wenn wir ein anderes Auto haben, können Sie das bekommen."
Gleichzeitig fragte ich ihn:
„Ist es möglich, hier im Ort eine Wohnung zu bekommen?"
Er sagte zu mir:
„Dann gehen wir doch gleich mal aufs Rathaus und fragen nach."
Es war mir in Eger zu unsicher, ich verstand die Sprache nicht und in dem kleinen Zimmer war es zu eng mit vier Personen.
Also sagte ich zu Martina:
„Ich suche eine Wohnung in Deutschland."
Im Rathaus angekommen, sagte der Zuständige zu mir:
„Wir haben zwei Wohnungen frei, eine mit Kinderzimmer und eine ohne.
Was wollen Sie haben?" Ich sagte: mit Kinderzimmer.
„Dann gehen wir gleich mal hin und schauen uns die Wohnung an, und wenn Sie Ihnen gefällt, machen wir einen Mietvertrag."
Jetzt war es schon Anfang Februar 2003, ich hatte eine Wohnung, aber noch keine Möbel.
Da spielte das Schicksal mir in die Hände, gegenüber, im Nachbarblock, war eine alleinstehende Frau gestorben.
Der Mitarbeiter der Stadt, der mir die Wohnung besorgt hatte, kam zu mir und fragte mich:
„Können Sie Möbel gebrauchen?"
Ich sagte ja.
Ich bekam die Küche komplett mit Geschirr, ein komplettes Schlafzimmer, Wohnzimmer für 300€ in drei Raten und nach etwa drei Tagen ein gebrauchtes Auto.

Der Nachbar, der über mir gewohnt hatte, half mir beim Umzug und Ab- und Aufbauen der Möbel.
Dadurch kam es zu einer Freundschaft zwischen uns.
Als ich mit dem Aufbau der Möbel fertig war, sagte ich zu Martina:
„Jetzt kannst du mit Sandra bei mir einziehen."
Sie sagte zu mir: „Ich schaue mir die Wohnung an", und fuhr mit mir mit.
Den nächsten Tag sagte sie zu mir:
„Ich hätte lieber ein Haus in der Heimat", und hatte schon den Plan vom Haus in der Hand.
„Ich möchte, dass meine Mutter auch mitkommt."
Dass die Mutter mit in die Wohnung kommen sollte, dadurch kam es immer wieder zum Streit mit Martina.
Sie wollte immer ein Haus in Tschechien und hatte auch schon Pläne zum Kauf von einem Makler bekommen, die sie mir zeigte.
Dadurch trennten wir uns im Sommer 2003.
Eines Tages war ein Brief im Briefkasten.
Ich machte ihn auf und staunte nicht schlecht, was da stand: Ich habe lange nach dir gesucht.
Du bist vor einem Jahr spurlos verschwunden, da habe nach dir gesucht und ich denke, ich habe dich gefunden, bitte melde dich mal bei mir, was ich dann auch tat.
So blieben wir weiter in Verbindung.
Eines Tages, es war August, ich hatte mich jetzt wieder an die Einsamkeit gewöhnt.
Da sprach mich mein Freund Roland an und fragte mich, ob ich mit ihm mal nach Eger fahren würde.
Er hätte Durst, gegenüber im Geschäft der Edeka wäre das Bier so teuer.
In Tschechien kostete das Bier 60 Cent im Lokal und auch im Supermarkt. Ich sagte zu ihm:
„Das können wir machen, ich muss sowieso einkaufen."
Wir fuhren dann los zum Einkaufen, als wir fertig waren und so auf dem Parkplatz standen, sagte Roland zu mir:

„Schaue mal, da drüben ist ein Lokal, da können wir was trinken gehen."
Das Lokal sah von außen ziemlich heruntergekommen aus und nebenan war ein Puff.
Ich sagte zu ihm:
„Da gehe ich nicht rein."
Er bettelte so lange, bis ich zustimmte und wir in das Lokal gingen.
Das Lokal, wie sich dann herausstellte, war eine Spielothek und hinter dem Tresen stand ein junger Mann.
Davor waren zwei Tische und je vier Stühle.
Wir setzten uns an den einen Tisch, weil am anderen Tisch eine junge Frau saß.
Roland bestellte ein Bier und ein Wasser.
Nach einer Weile fragte die junge Frau Roland:
„Kannst du Karten spielen?"
Er sagte ja und ging zu ihr an den Tisch.
Es dauerte nicht lange und es gab Streit zwischen ihr und Roland.
Da fragte sie mich: „Kannst du besser spielen als Roland, übrigens ich heiße Nina und du? „Norbert."
Dann fingen wir an zu spielen.
Nach einer Weile sagte sie zu mir:
„Ich habe jetzt genug verloren, hast du Lust mit mir und Thomas zu spielen?
Der steht hinter der Theke, das ist mein Cousin, und meiner Tante gehört dieses und das nächste Lokal."
Wir sprachen über Gott und die Welt, bis sie mich fragte:
„Wollen wir mal in eine Diskothek fahren?"
Ich sagte: „Ins Salvator."
Sie sagte:
„Ok, dann schließen wir das Lokal und fahren alle mit."
In der Disco Salvator angekommen, kam uns schon laute Musik entgegen, und als wir das Lokal betraten, sahen wir schon Leute tanzen.

Wir setzten uns in die Ecke an einen Tisch, Roland und Thomas setzten sich an die Theke.
Nina sagte zu mir: „Wollen wir tanzen?"
Ich sagte: „Klar, machen wir."
Der Discjockey spielte einen Blues, da tanzten wir ganz eng.
Nach zwei Tänzen setzten wir uns wieder in die Ecke, dabei kamen wir uns näher.
Bis Roland immer wieder kam und sagte:
„Wollen wir nicht nach Hause fahren?"
Ich sagte zu ihm: „Geh wieder an die Theke und lass uns in Ruhe."
So gegen 24 Uhr beschlossen wir, dass wir nach Hause gehen sollten, wir suchten die anderen zwei, aber sie waren nicht mehr da.
Nina sagte zu mir:
„Die sind bestimmt in ein anderes Lokal gegangen, fährst du mich nach Hause?", was ich dann auch tat.
Bei ihr zu Hause angekommen, verabschiedete sie mich mit einem Kuss und wir verabredeten uns für den nächsten Tag.
Dann machte ich mich auf die Suche nach Roland.
Ich fand ihn nicht und fuhr dann auch nach Hause.
Als ich mich ausgezogen hatte und gerade ins Bett gehen wollte, hörte ich im Schlafzimmerfenster, dass ein Auto vorgefahren war, Roland hatte sich in Eger ein Taxi genommen.
Ich sagte nur:
„Du hättest ja im Lokal, wo wir waren, warten können."
Am nächsten Tag traf ich dann mich wieder mit Nina.
Wir trafen uns dann täglich.
Am Samstag sagte sie zu mir:
„Ich fahre heute mit dir nach Hause."
Sie blieb erst einmal bei mir, denn sie hatte am 28.10. Geburtstag und den wollte sie mit mir feiern.
Sie war am 28.10.1981 geboren worden, wurde also zweiundzwanzig Jahre alt.
Den Geburtstag feierten wir dann groß.

Davor, am 01.10.2003, hatte ich Glück, ich bekam eine Anstellung auf der Burg als Hausmeister.
In der Burg befand sich eine Jugendherberge mit sechzig Betten.
Morgens frühstückten wir zusammen und mittags wurde zusammen gegessen, da die Kinder auch versorgt werden mussten.
Wenn ich immer von mir bis zur Burg laufen musste, kam ich immer an einem verwaisten Minigolfplatz vorbei.
Ich fragte den Zuständigen der Stadt, was damit los wäre, der Mitarbeiter der Stadt sagte:
„Da hat sich noch niemand gefunden, der ihn betreiben will. Wenn Sie wollen, können Sie den Miniplatz betreiben."
Ich sagte: „Das ist was für die Kinder auf der Burg, ich probiere es."
So übernahm ich den Minigolfplatz und richtete ihn in meiner Freizeit her, sodass ich ihn im Mai 2004 eröffnen konnte.
Etwas den Berg abwärts war die Eger, die im Fichtelgebirge auf der Schneekoppe ihre Quelle hatte und in Tschechien in die Moldau mündete, die in meiner Nähe die Grenze bildete.
Im Fichtelgebirge gab es zwei Berge über 1.000 m hoch, die Schneekoppe und der Ochsenkopf.
Beide Berge bestieg ich und besuchte die Quellen.
An der Schneekoppe Entspringt die Eger und der Weiße Main und die Saale, am Ochsenkopf die Naab und der Rote Main.
Zwischen den beiden Bergen führt die Straße von Bayreuth nach Eger.
In Hohenberg an der Eger befand sich eine Quelle, wo man sich an einer Zapfstelle eisenhaltiges Wasser holen konnte und das nicht gebrauchte Wasser in die Eger floss.
Das gleiche Wasser wurde in der im 12 km von Hohenberg an der Eger in Franzensbad (Fratiskovy Lancne) in Tschechien, in einem alten deutschen Kurbad ausgeschenkt.
Am 01. Mai 2004 eröffnete ich dann den Minigolfplatz und bot den Kindern, die auf der Burg waren, an, dass sie dann am Wochenende und sonst abends Minigolf spielen konnten.
Nina war auch immer auf meiner Seite.

Bis sie wieder mal Lust hatte, nach Bayreuth zu ihrer Cousine zu fahren.
Dann war sie immer ein paar Tage unterwegs.
Im Herbst musste sie auch wieder hin, dabei lernte sie einen anderen Mann kennen, von ihm bekam sie ein Handy geschenkt.
Damit telefonierte sie mit Gott und der Welt, dadurch entstand eine Rechnung von ca. 1.500 DM.
Da sie diese Rechnung nicht bezahlen konnte, wurde sie zu einer Strafe von 350 DM verurteilt.
Sie ging dann zurück nach Eger und durfte die Bundesrepublik Deutschland nicht mehr betreten, sonst drohte ihr Gefängnis.
Zu dieser Zeit besuchte ich sie immer bei ihrer Tante in Cheb.
Eines Tages sagte sie mir, es war kurz vor dem ersten Advent:
„Ich möchte wieder zu dir kommen."
Ich klärte sie auf, dass das nicht ginge, sie sagte:
„Das ist mir egal, bring mich rüber."
Was ich nicht wusste, sie hatte eine Frau kennengelernt, die in Gera wohnte, sie wollte unbedingt zu ihr.
Wir schmiedeten einen Plan, wie ich sie herüberholen sollte.
Ihr Cousin fuhr uns in den kleinen Grenzort Liba in Tschechien, von da aus führte ein Wanderweg über die Eger, wo eine Mühle war und eine kleine Brücke, die nur in einem bestimmten gleichmäßigen Zeitraum von der deutschen Grenzpolizei bewacht wurde.
Da ich auf der Burg arbeitete und von einem Turm der Burg genau auf den kleinen Grenzübergang schauen konnte und sehen konnte, wenn das Auto der Grenzer da war, wusste ich genau, wann ich Nina rüber holen konnte.
„Heute Abend hole ich dich rüber, ich habe lange genug recherchiert."
Ich holte sie dann bei der Dämmerung rüber und sie blieb bis zum Morgen.
Am Morgen nach dem Frühstück sagte sie dann, sie wolle wieder nach Bayreuth zu ihrer Cousine, ich wusste nicht, dass Natascha aus Gera auf sie wartete.
Sie wollten dann nach Gera fahren.

Ich hatte das Gefühl, hier stimmte was nicht und schaute in den Geldbeutel.

Ich stellte fest, es fehlte die Bankkarte von der Volksbank, die hatte sie mitgenommen.

Ich bekam einen Schock.

Was machte ich jetzt? Da kam ich auf die Idee: Nicht weit von mir war die Grenzstation.

Ich fuhr zur Grenzpolizei und erzählte, was mir passiert war, ich sagte auch:

„Nina ist auf dem Weg nach Bayreuth. Ihr könnt sie finden, denn sie muss in Marktredwitz umsteigen, dort hat sie eine Stunde Aufenthalt."

Nach einer Weile ging die Tür auf und Nina kam mit zwei Polizisten herein.

In der Zwischenzeit hatte ich noch einmal meinen Geldbeutel aufgemacht und meine Karte gefunden und versteckt.

Da tat mir Nina leid, auch weil der Polizist sagte, sie habe keine Karte dabei, darauf sagte ich:

„Dann kann ich Nina ja wieder mitnehmen."

Aber der Polizist sagte zu mir:

„Sie muss hierbleiben, da liegt ein Haftbefehl vor."

Sie wurde dann in das Frauengefängnis nach Aichach gebracht. Das war am 02.12.2003.

Am 17.12.2003 bekam ich einen Brief von Nina, in dem schrieb sie mir:

Habe den ganzen Samstag gewartet, wann holst du mich hier raus?

Alles egal, ich komme am 04. oder 03.01.2004 hier heraus.

Ich konnte sie nicht auslösen, ich hatte nicht mehr so viel Geld.

Aber was ich nicht wusste, sie hatte auch Natascha einen Brief geschickt.

Natascha kaufte sie dann frei.

Aber über Weihnachten musste sie noch bleiben.

Am Montag hatte ich Geburtstag, es war mein 57.

Am Dienstag, es war der 27.12.2003, klingelte es bei mir, ich hatte schon im Bett gelegen, es war gegen 22 Uhr abends, ich dachte: Wer kommt denn jetzt?

Ich machte die Tür auf und wer stand da vor mir?

Es war Nina, die sagte: „Ich konnte nicht früher kommen, das Geld von Natascha kam zu spät."

Sie blieb zwei Tage bei mir, dann sagte Nina zu mir:

„Ich möchte mit dir und meinem Vater Silvester feiern, lass uns nach Cheb fahren", was wir dann auch taten.

Am Morgen, nachdem wir angekommen waren und ich auf dem Sofa geschlafen hatte, stand ein kleiner Junge vor mir und rief: „Tata, Tata, da liegt Santa Klaus."

Ich hatte graue Haare und zu diesem Zeitpunkt einen Bart. Es war der Bruder von Nina aus zweiter Ehe.

Tata heißt auf Tschechisch Vater. Alle lachten.

An Silvester schauten Ninas Vater und ich ein wenig zu tief ins Glas und schliefen, jeder für sich, in einem der Sessel ein.

Ninas Vater war zu diesem Zeitpunkt 48 Jahre und das zweite Mal verheiratet.

Am 03.01.2004 wollten wir wieder zu mir fahren, aber es kam anders.

Wir verabschiedeten uns von ihrem Vater und gingen zum Auto.

Da sagte Nina zu mir: „Ich muss noch was erledigen", und war weg.

Ich suchte sie und fragte ihrem Cousin Thomas, wo sie hin sei, er sagte:

„Die ist nach Gera zu Natascha gefahren."

Es gingen ein paar Wochen, da bekam ich einen Anruf auf dem Handy, ich solle doch nach Gera kommen, sie warte am Bahnhof auf mich, sie wolle wieder zurück zu mir.

Kaum angekommen bei mir in Hohenberg an der Eger, stand am Abend Natascha vor der Tür und sagte, sie wolle zu Nina.

Nina sagte dann zu mir, sie könne Natascha nicht alleine lassen, sie hätte sie ja aus dem Gefängnis freigekauft und nicht ich.

Im Frühjahr suchten und fanden Natascha und Nina eine Wohnung in Cheb, als Natascha mal wieder in Gera war.
Sie lebte dort mit Reinhold, einem Muttersöhnchen, zusammen.
Nur, dass sie eine Wohnung hatte.
Da rief mich Nina wieder an und sagte, Natascha wäre in Gera, ob ich nicht zu ihr kommen wolle?
Ich fuhr zu ihr und blieb über Nacht.
Am nächsten Tag kam Thomas und wir gingen zu ihrer Tante.
Da angekommen, hatte mich gerade gesetzt, da dauerte es nicht lange
und Nina und Thomas waren verschwunden.
Die Tante sagte:
„Die haben was vor, du musst da hinterher."
Als ich rauskam, sah ich sie in der Feme um die Ecke biegen.
Als ich an der Ecke ankam, sah ich, wie sie in den Bus einstiegen.
Ich hatte Glück, dass in den Bus mehrere Leute einstiegen und der Busfahrer warten musste, bis alle Leute eingestiegen waren.
Ich erreichte auch den Bus noch und konnte auch einsteigen.
Im Bus griff ich mir Thomas, am Kragen und sagte zu ihm: „Wo wollt ihr hin?" Da sagte Nina: „Das geht dich gar nichts an."
Wir fuhren nach Franzensbad in Tschechien und an der nächsten Haltestelle stiegen wir aus und ich nahm Nina die Tasche ab.
Als ich die Tasche hatte, konnte ich gerade den Personalausweis und die Schlüssel aus der Tasche nehmen.
Dann warf ich die Tasche in eine Hecke.
Thomas sprang hinterher und holte sie wieder heraus.
Nina schrie mich an:
„Gib die Schlüssel und meinen Pass her, sonst hole ich die Polizei!" Ich sagte nur: „Hol sie doch."
Also rief sie die Polizei.

Da kamen zwei Polizeiautos und Nina stieg in das erste und ich in das zweite, dann fuhren wir auf die Wache.

Auf der Wache wurde ich aufgeklärt, dass ich ihr den Personalausweis zurückgeben müsse.

Was ich dann auch tat und machte mich dann auf den Weg zurück nach Eger, das waren so 7 km Fußweg.

Dort angekommen, ging ich in die Wohnung von Nina und Natascha, um die mitgebrachten Sachen wieder mitzunehmen.

Dann ging ich zum Auto zurück, aber vorher brach ich den Schlüssel, der im Schloss steckte, ab.

Nach einer Woche versöhnten wir uns wieder und Natascha gab sie nach einer Zeit wieder auf und sie ging nach Gera.

Dann war erst einmal Ruhe.

Da rief Nina nach längerer Zeit mal wieder an, um mir zu sagen, Natascha hätte geheiratet.

Ich ging davon aus, Natascha hätte Reinhold geheiratet.

Ich sollte kommen und sie besuchen.

Als ich ankam und die Wohnung betrat, kam mir ein anderer Mann entgegen, Reinhold war es nicht.

Sondern Enrico, den hatte Natascha geheiratet.

Enrico war genauso ein Muttersöhnchen wie Reinhold.

Enrico, wenn er von der Arbeit kam, musste auf dem Sofa schlafen, weil Nina und Natascha im Bett schliefen.

Natascha bestimmte auch alles.

Als ich dann wieder mal zu Besuch bei Nina war, weil wir grillen wollten, nahm ich mir Enrico zur Seite, um ihn mal aufzuklären, dass das, was bei ihm so lief, so nicht in Ordnung war.

Ich sagte: „Das ist nicht in Ordnung, was Nina und Natascha mit dir machen."

Er sagte: „Du hast ja Recht."

Nach einem Streit, den Natascha und Enrico hatten, sagte ich: „Das ist doch eine Scheinehe, lass dich wieder scheiden."

Der Streit eskalierte so, dass ich Natascha wieder zu Reinhold bringen musste, der sie nach meinem Gutzureden wieder aufnahm.

Nina blieb erst einmal bei Enrico wohnen.

Als ich alles erledigt hatte, fuhr ich dann wieder nach Hause, weil ich mich vorbereiten musste, ich hatte eine Zusage, dass ich in den nächsten Tagen in Bayreuth eine Kur machen konnte.

21.06.2004 fuhr ich dann zur Kur nach Bayreuth, Judith, die auch in unserem Hause wohnte, fuhr mich an den Bahnhof.

Wir hatten erst vor ein paar Tagen das erste Mal Kontakt aufgenommen, wir hatten uns bis dahin ignoriert.

Am 25.06.2004 bekam ich einen Brief von Nina, sie war wieder in Cheb bei ihrem Vater, wenn ich von der Kur zurück sei, sollte ich zu ihr kommen.

Judith hatte mich auch auf der Kur besucht und mir erzählt, dass sie nur mit Jürgen, ihrem Mann zusammen sei, damit sie in Deutschland leben konnte.

Sie war aus Hranice bei Asch in Tschechien.

Sie erzählte mir, dass sie in Selb einen Gasthof übernehmen wollte und ich könnte ihr dabei helfen.

Als es so weit war, war ich jeden Tag im Lokal bei Judith, um ihr zu helfen.

Das ging nicht immer gut.

Wenn ich in der Küche war, kam sie und sagte:

„Du musst sofort hinter die Theke Bierzapfen."

Wenn ich da gerade angefangen hatte, kam sie und sagte:

„Da sind Leute, die musst du abkassieren."

Sie hatte kein Konzept, dann kam es zum Streit und ich ging nach Hause.

Am nächsten Tag kam sie an:

„Gehst du wieder mit?

Aber mit ihr leben wollte ich nicht.

Noch hatte ich Nina.

Bis zum 27.10.2004, Judith hatte an dem Tag Geburtstag und wurde 46 Jahre alt.

Am 28.10.2004 hatte auch Nina Geburtstag, die dann 24 Jahre alt wurde.

Ninas Geburtstag feierten wir dann in der Garage, so hieß die Spielothek.

Wir saßen alle an einem runden Tisch.
Es waren Nina, Natascha, Thomas, Endy (Anezka) und ich.
Als es ums Bezahlen ging, sagte Nina zu mir:
„Willst du das bezahlen?"
Ich sagte zu ihr:
„Das kann doch dein Mann bezahlen." Daraufhin sagte ich noch:
„Ich bezahle das und danach fahren wir nach Gera."
Als sie weg waren, sagte ich zu Endy: „Was machen wir noch?" Sie sagte:
„Komm, wir gehen an die Bar und trinken noch was."
An der Theke angekommen, bestellten wir ein Bier und ein Wasser, ich musste ja wieder heimfahren.

Wir unterhielten uns und sie erzählte mir, dass sie eine Tochter hätte, sie war drei Jahren alt und im Kinderheim und ich wollte sie gerne kennenlernen.

„Wann willst du sie kennenlernen?", fragte sie immer am Freitag.

Darauf sagte ich zu ihr:
„Wenn du das willst, dann fahren wir nächsten Freitag mal zu ihr."

Am Freitag kauften wir Süßigkeiten und kleines Spielzeug und fuhren nach Asch ins Kinderheim, das war eine große Freude.

Das machten wir jeden Freitag, sodass Endy, da sie zu dieser Zeit keine Wohnung hatte, dann einzog.

Das passte zwar Nina nicht, aber sie war ja in Gera.

Als ich die Weihnachtszeit allein in Eger war zum Einkaufen, da lief mir eine junge Frau über den Weg.

Sie fragte mich, da es so kalt war, ob ich ihr eine Jacke kaufen könne, sie fror so.

Ich hatte Mitleid mit ihr und kaufte ihr eine Jacke und dann trennten sich unsere Wege wieder.

Jeder von uns ging dahin, wo er hergekommen war.

Dass jetzt Endy bei mir war, das passte nicht jedem, wie Roland, er musste meine Frauen aufnehmen, wenn ich mit ihnen Stress hatte.

Da war noch eine Frau, die unter mir wohnte, sie passte mich immer ab, wenn ich von der Arbeit kam.

Ich hatte die Arbeitsstelle gewechselt und war jetzt im Sommer im Schwimmbad und im Winter als Hausmeister in der Schule.

Die Frau unter mir hieß Jutta und war sehr einsam, ab und zu war Endy auch bei ihr und wartete auf mich.

Ich brachte ihr auch Zigaretten aus Tschechien mit.

Sie hatte eines Tages Stress mit Endy, da ging ich auch nicht mehr zu ihr.

Darauf zeigte sie mich an der Grenze an, ich würde illegal Zigaretten einführen.

Ich musste jedes Mal an der Grenze den Kofferraum des Autos aufmachen.

Im November 2006 verließ mich Endy auch wieder.

Das waren die schlimmsten Weihnachten für mich, ich war zum ersten Male wieder allein.

Dann kam Ostern 2007, es war ein schöner Tag, es war Ostermontag, als ich dachte: Du musst das schöne Wetter ausnutzen.

Fuhr wie immer nach Cheb, am Bahnhof traf ich immer mal jemanden.

Ich saß allein auf der Bank in der Nähe des Bahnhofes.

Von der Straße bis zum Bahnhofsgebäude war ein breiter Weg mit vielen Bänken, wo immer Leute saßen und man immer mal ins Gespräch kam.

Ich war gerade ein bisschen im Gedanken und träumte so vor mich hin.

Als eine junge Frau vorbeilief, ich dachte noch vor mich hin: Die kennst du doch.

In dem Moment kam sie zurück und sagte:

„Wir kennen uns doch, du hast mir vor Weihnachten eine Jacke gekauft.

Wollen wir was trinken gehen?" Ich gab ihr zur Antwort:

„Ich wollte eigentlich nach Hause fahren." Ich bekam die Antwort:

„Kann ich mitfahren?"

„Du kannst mitfahren."

Von nun an war ich nicht mehr allein.
Sie hieß Beate und war 30 Jahre alt.
Im Mai 2007 ging ich dann in Rente.

Eine Bekannte von Beate, die in Asch wohnte, die hatte zwei Brüder, die arbeiteten auf dem Bau, und fragen mich, ob ich mit ihnen arbeiten wollte.

Ich sagte ja und von da an hatte ich auch wieder Arbeit.
Beate kochte dann immer abends.
Samstagabends gingen wir immer nach Asch in die Disco.
Ich hatte eine schöne Zeit mit ihr.
Bis Mitte Januar 2008 da wollte sie auch wieder weg.

Da packte ich meine wichtigsten Sachen, dachte mir, da es so kalt war:

Du fährst jetzt nach Spanien, da ist es viel wärmer als hier.

Wenn du hier zurechtgekommen bist, dann klappt es auch dort.

Also fuhr ich am 03.02.2008 los, ich musste ja erst die Rente abwarten.

Die erste Etappe, die ich mir vorgenommen hatte, das war der Bodensee bei Friedrichshafen auf einem großen Parkplatz.

Ich hatte eine klare Sicht auf den See und die Berge bei klarem blauem Himmel.

Jetzt war ich schon drei Tage da, die Nächte waren kalt bis zu 18 Grad Minus.

Da war ich froh, als mein Handy läutete.

Am anderen Ende war Beate und fragte:

„Wo bist du?"

Was ich ihr erzählte, damit konnte sie nichts anfangen, sie sagte nur:

„Komm doch zurück zu mir."

Ich wusste, ich kam momentan nicht weiter.

Ich drehte um und fuhr zurück nach Eger.

Dort angekommen, sagte Beate zu mir:

„Hast du etwas Geld, ich will zurück in die Slowakei, meine Mutter wartet da auf mich."

Das war ein Schock für mich.

Denn nach Hohenberg an der Eger wollte ich nicht zurück, was sollte ich jetzt machen?

An den Bodensee und nach Spanien wollte ich auch nicht.

Da kam mir die Idee:

Dann fährst du zurück nach Wetzlar zu deiner Ex-Frau.

Also fuhr ich los, war so gegen 22.00 Uhr bei ihr vor dem Haus.

Ich klingelte, sie machte die Tür auf und sagte:

„Wo kommst du denn her?" „Ich bleibe jetzt hier."

Darauf sagte sie: „Aber nicht bei mir."

Blieb dann doch drei Monate, dann hatte ich wieder eine Wohnung und einen Hausmeisterjob.

Wieder in Braunfels in einem großen Block mit 49 Appartements.

Meine Aufgabe war, alles in Ordnung zu halten und den Ein- und Auszug der Mieter zu regeln.

Am 01.06.2008 zog ich ein, dann fuhr ich nach Hohenberg an der Eger gefahren und holte die zurückgelassenen Möbel.

Dabei half mir dann Endy, bevor ich dann zurückfahren konnte, sagte Endy noch zu mir:

„Ich bleibe erst mal hier, du kannst mich später abholen."

Ein paar Wochen später holte ich sie, aber sie blieb nur eine Woche.

Auch Nina holte ich in Gera ab, sie blieb auch nur eine Woche, das Zimmer war für zwei Personen zu klein.

Im Mai 2010 war wieder einmal der Verwalter da, um mit mir zu sprechen, er sagte, ich würde zu viel für die Mieter tun und zu wenig für ihn.

Ich hatte gerade Leute da, die Interesse an einer Wohnung hatten, die standen dabei, als er mich anschrie. „Was machen die abgestellten und abgemeldeten Fahrzeuge auf dem Hof, hier ist doch kein Schrottplatz!"

Ich erwiderte: „Herr Steinhof, das machen Sie nicht noch einmal mit mir, wenn ich Leute dabeihabe.

Das mache ich so nicht mehr mit und ich werde baldmöglichst die Wohnung kündigen und meine Hausmeistertätigkeit stelle ich sofort ein."

Mitte Juni war eine Anzeige in der Zeitung:
Hausmeister auf einem Reiterhof gesucht, Wohnung vorhanden.

Ich stellte mich vor, diese Stelle war 60 km von Braunfels weg, ich machte einen Termin aus.

Dann fuhr ich hin, ich fand einen heruntergekommenen Reiterhof vor, nur die Ställe waren zum Teil neu.

Dazu war ein Neubau mit zwei Wohnungen, die eine Wohnung war die Hausmeisterwohnung.

Ich traf mich mit einer Frau im mittleren Alter.

Ich stellte mich vor und gab ihr meine Bewerbung, wo alles draufstand, wo ich schon gearbeitet hatte.

Sie sagte zu mir, sie überlegt es sich noch und würde mir dann Bescheid geben.

Ich war keine 10 km weg, da klingelte das Handy und sie war dran, sie sagte nur:

„Kommen Sie zurück, Sie haben die Wohnung und den Job."

01.07.2010 zog ich dann ein.

Am Wochenende fuhr ich dann nach Eger, um Endy zu suchen.

Ich fuhr wieder an den Bahnhof von Eger, wo man die meisten Leute, die ich so kannte, treffen konnte.

Aber Endy war nicht dabei.

Da sagte jemand, Endy wäre im Gefängnis, aber keiner wusste, wo sie genau war.

Teilweise sollte ich sogar die Kinder versorgen, dann würden sie mir sagen, wo Endy war, sie brauchten nur Essen für die Kinder.

Die eine junge Frau hatte schon mit ihren 25 Jahren sechs Kinder.

Sie nutzten meine Situation aus in der schlechten Lage, in der ich mich befand.

Da kam Thomas vorbei, ich fragte ihn und er gab mir eine gute Antwort, die mich erfreute.

Er sagte:

„Fahr zu Ninas Vater, ich glaube Vedula, die Stiefmutter von Nina, die weiß, wo Endy ist."

Also fuhr ich dahin, wo sie wohnte, sie sagte zu mir:
„Honsa (Hans) ist auf der Arbeit und Nina ist jetzt in Prag. Wie kann ich dir helfen?"
Ich sagte ihr, was Thomas mir gesagt hatte.
Vendula gab mir eine Adresse, wo Endy sein könnte, es war das Frauengefängnis in Ostrov bei Karlsbad (Karlovy- Vary).
Ich bedankte mich bei Vendula und fuhr nach Hause.
Zu Hause schrieb ich dann einen Brief an das Gefängnis in Ostrov.
Es dauerte ein paar Wochen, ich hatte schon geglaubt, ich hätte wieder nichts erreicht, da bekam ich Post, in der stand, dass Frau Anzeka Balazova verlegt wurde nach Svetla nad Sazavou ins dortige Frauengefängnis.
Der Brief war von da, also hatte ich sie gefunden.
Eine Woche, nachdem ich von ihr einen Besuchserlaubnisschein bekommen hatte, fuhr ich zu ihr dann über Hanau, Würzburg, Nürnberg, Pilsen, Prag in Richtung Brüno, ca. 730 km nach Svetla nad Sazavou und Besuchte sie.
Beim zweiten Mal, wo ich da war, sagte sie zu mir:
„Ich werde am 13.04.2012 entlassen, dann möchte ich, dass du mich zu dir holst."
Was ich dann auch tat.
Als sie dann bei mir war, freundete sie sich mit der Nachbarin an.
Der Sohn der Nachbarin hatte am 06. Juni Geburtstag und lud uns beide ein. Auf dem Geburtstag war auch der Bruder der Nachbarin.
Endy und der Bruder waren ständig verschwunden, dachte mir aber dabei nichts.
Als sie am 18. Juni 2012 wieder mal bei der Nachbarin war, fuhren sie heimlich zum Bruder, danach sagte zu mir:
„Ich verlasse dich."
Ich war ganz froh, dass sie weg war, fragte am nächsten Tag die Nachbarin, wo sie hingegangen wäre, sie sagte nur:
„Das kann ich dir nicht sagen."

Aber der Sohn von ihr sagte es mir und auch die Adresse, wo sie jetzt wohnte.

Der Sohn der Nachbarin, der immer öfter bei mir war, wollte immer mit mir Traktor fahren.

Hatte sich zwischen seiner Mutter und mir ein gutes Verhältnis entwickelt.

Nachdem sie bei ihrem Bruder gefeiert hatte und abends danach zu mir kam, dass sie und ihr Bruder geschlagen hatten.

Andrea, wie sie hieß, und ihr Bruder hatten sich nichts mehr zu sagen.

Dadurch entwickelte sich zwischen Andrea und mir eine innige Freundschaft, sie ging bei mir ein und aus und hatte auch einen Schlüssel zu meiner Wohnung.

Ich kaufte ein und sie kochte für uns.

Der Kontakt zu Endy und Andys Bruder, wie ihr Spitzname war, brach komplett ab.

Unsere Freundschaft zu Andrea (Andy) wurde immer intensiver, wir feierten öfters zusammen.

Am 06.10.2012, es war ein Samstag, kam Hendrik zu mir und sagte, wir könnten Äpfel pflügen gehen, der Bauer, dem das Grundstück gehörte, hätte erlaubt, dass wir die Äpfel holen könnten.

Also pflückten wir die Äpfel und fuhren sie mit dem Traktor in den Nachbarort und verarbeiteten die Äpfel zu Apfelsaft. Die gesamten Äpfel, die wir gesammelt hatten, ergaben zwei Kisten Apfelsaft.

Dann sagte Andy zu mir:

„Das habt ihr gut gemacht, dafür können wir heute Abend ein wenig feiern."

Ich brachte eine Flasche Wodka und einen Kasten Bier mit 0,33 Liter, aber erst aßen wir was zusammen.

Dann gingen Lorenz und Hendrik in ihre Zimmer.

Wir fingen an zu trinken und ein bisschen zu tanzen.

Wir prosteten uns zu und umarmten uns und drückten uns, dabei kam ich ihrer Brust näher und sie sagte zu mir: „Soll ich meinen BH ausziehen?", und ging ins Bad.

Dann tanzten wir weiter, bis auf einmal die Tür aufging und Hendrik stand da und sagte:
„Mutti, ich dachte ihr seid doch Freunde."
Andrea sagte: „Geh wieder auf dein Zimmer, es ist alles in Ordnung."
„ Wir tranken und tanzten weiter bis morgens um 6 Uhr.
Dann sagte Andrea zu mir:
„Der Hendrik steht gleich auf, wir hören jetzt auf und du gehst heim."
Sie sagte dann noch:
„Ich komme am Montag zu dir, wenn die Kinder in der Schule sind.
Ich sagte ok und ging dann schlafen.
„Ich komme nachher zum Essen, die Kinder können mir ja Bescheid geben."
Ich war gerade eingeschlafen, da klingelte es an der Tür, ich hatte gedacht, es wären die Kinder, die mich sonst auch zum Essen abholten.
Da standen vier Kriminalbeamte vor der Tür, der eine sagte zu mir: „Sie sind verhaftet", ich fiel aus allen Wolken.
Ich musste dann mitfahren auf die Dienststelle, um meine Aussage zu machen.
Als ich meine Aussage gemacht hatte, durfte ich wieder gehen.
Da ich nicht nach Hause gefahren wurde, ich nicht wusste, wie ich nach Hause kam, rief ich meine Ex-Frau an, ob sie mich abholen konnte.
Was passiert war, fragte sie.
Ich sagte dann: „Komm erst mal her, dann erzähle ich dir alles, was passiert ist."
Auf der Fahrt zu mir erzählte ich ihr alles, sie sagte nur darauf: „Kannst du nicht die Finger von den Frauen lassen?
Es musste ja mal so kommen."
Sie brachte mich nach Hause.
Die Kinder kamen auch immer noch zu mir, vor allem Lorenz.
Bis ich der Mutter einen anonymen Brief schickte, eine Kopie von einem Mitschnitt eines Dates in meinem Computer.

Da sie ja vorher immer in meinem Account gechattet hatte, konnte ich ihre Plattform aufrufen.

Sie hatte einen amerikanischen Soldaten kennengelernt, der in Afghanistan stationiert war, den sie in einem Chatroom gefunden hatte.

Der sich als Fake herausstellte.

Weil ein Diplomat auftauche, dem sie Geld nach Ghana in Afrika überwiesen hatte und am Ende konnte sie den Strom und die Miete nicht mehr bezahlen.

Sie lernte wieder jemanden kennen, auch im Chat, der für eine Firma für Eisenbahntechnik arbeitete.

Der Firma teilte ich anonym mit, dass in unserer Straße keine Eisenbahn gebaut wurde.

Ich fragte mich, warum ein Fahrzeug ihrer Firma jeden Tag bei uns in der Straße stand.

Es dauerte nicht lange, da sah ich das Fahrzeug nicht mehr.

Dann zog Andrea weg in einen anderen Landkreis.

Die Vermieter fanden sie dann.

Am 29. und 30.10.2013 wurde meine Anklage verhandelt und am 14.11.2013 die Plädoyers gehalten und das Urteil verkündet.

Sogar die Staatsanwältin forderte gleich Freispruch für mich.

Wie kam es dazu:

Ausschlaggebend war die Aussage meiner Chefin.

Der Sohn, Lorenz, der zwar aussagte, er habe nichts mitbekommen, wurde dann aber gefragt, warum er einen Brief ans Gericht geschickt hatte, worin er mich stark belastete.

Da sagte meine Chefin: „Herr Richter, ich habe dazu was zu sagen.

Lorenz hat bei uns ein Praktikum gemacht und hauptsächlich beim Angeklagten gearbeitet.

Dabei wurde festgestellt, dass Lorenz weder schreiben noch lesen konnte."

Daraufhin fragte der Richter ihn:

„Lorenz, wer hat wirklich den Brief geschrieben?"

Darauf gab Lorenz zu, dass den Brief mit den vielen Fehlern seine Mutter geschrieben hatte und er nur unterschrieben hatte.

Dass er auch auf der Toilette war, wie seine Mutter den BH ausgezogen hatte.
Er habe sich aber nichts dabei gedacht.
Dann fragte ihn der Richter:
„Trinkt deine Mutter gerne Alkohol?"
„Eigentlich nicht, nur wenn sie Asthma hat."
„Wann hat deine Mutter Asthma?", fragte der Richter weiter, dazu sagte Lorenz:
„Eigentlich immer öfter."
Da kam im Gerichtssaal großes Gelächter auf, auch bei den Gerichtsreportern der heimischen Zeitungen, die schon am ersten Verhandlungstag geschrieben hatten „Vergewaltigung, eine Lüge".
Auch weil Andreas Bruder ausgesagt hatte:
„Sie hat lange Zeit keinen Sex gehabt, sagte Andrea zu ihrem Bruder, können wir nicht zusammen ins Bett gehen."
Nach diesen Aussagen fiel mir ein Stein vom Herzen.
Der Richter konnte nach diesen Aussagen nur noch bei dem Urteil Freispruch fordern.
Da war der Weg frei, Andrea wegen der 600€, die ich ihr geliehen hatte, auch zu verurteilen.
Sie sagte nur, ich wolle mich an ihr rächen.
Denn sie hatte behauptet, ich hätte ihr das Geld geschenkt, was ja nicht wahr war.
Es kam zu einem Vergleich, dass sie mir die Hälfte, also 300€ in Raten von je 20€, zurückbezahlen musste.
Ich hatte schon viele Frauen in meinem Leben gehabt, aber so was war mir noch nicht passiert.
Dadurch entwickelte sich wieder eine gute Freundschaft zu Endy.
Wir unternahmen dann wieder mehr zusammen.
2015 machte ich dann einen Urlaub an der Ostsee in Graal Müritz bei Rostock.
Da fragte mich Endy:
„Kannst du mich mitnehmen nach Gera zu Natascha?"
Ich sagte:

„Ich fahre sowieso über Leipzig, Berlin, dann ist es ja kein Umweg für mich und rückwärts hole ich dich wieder ab."
Wieder zurück aus Graal – Müritz in Gera angekommen sagte Endy zu mir:
„Ich weiß jetzt, wo meine Tochter Macella ist, sagte Endy zu mir, die wartet auf mich hinter Pilsen in Tschechien, in Milinov. können wir da hinfahren?"
Von Gera ging es durch das Elstertal der Weisen Elster über Plauen, Bad Brambach, Grenze Cheb, wo wir Nina besuchen wollten, sie war aber nicht da, nur ihr Vater Honsa und die Mutter Vendula, wo ich mich bedanken wollte, dass sie mir bei der Suche nach Endy damals geholfen hatten.
Dann ging es weiter über Marienbad (Marianske-Lazne), Pilsen nach Milinov, wo wir die Tochter von Endy, Marcella trafen.
Wir gingen dann eine Pizza essen und waren froh, dass wir sie wiedergefunden hatten, sie war dort in einem Heim untergebracht.
Die Freude war groß, es waren ja schon ein paar Jahre vergangen, von 2008 bis 2015.
Am Abend machten wir uns auf die Rückreise.
In der Höhe von Goldbach auf der Autobahn bekam Endy einen Anruf.
Sie sagte dann zu mir:
„Wo sind wir hier?" Ich sagte zu ihr:
„Gleich Ausfahrt Goldbach."
„Und wie weit ist es noch bis Aschaffenburg?"
Ich sagte zu ihr:
„Das ist die Ausfahrt, da kommen wir nach Aschaffenburg.
Dann können wir ja mal Stopp machen.
Da ist jemanden, den ich gut kenne, sagte ich, „dann fahren wir mal ab".
Die Person lotste uns bis zur Wohnung.
Als wir ankamen, sah ich die Person und sagte:
„Dich kenne ich ja auch aus Eger."
Es war eine Lesbe und sie hatte sich von ihrer Freundin getrennt.

Sie war jetzt mit einem Mann verheiratet und hatte ein Kind, das auch im Heim war.

Sie war auch schon bei mir in Braunfels gewesen, damals mit ihrer Tochter.

Als wir weiterfahren wollten, fragte sie, ob sie mitfahren könnte.

Endy sagte:

„Na klar kannst du mitfahren." Sie fuhr dann mit zu Endy nach Münster und ich fuhr anschließend zu mir nach Hause.

Eines Tages rief Endy mich an und fragte:

„Können wir zu dir kommen was trinken und bei dir putzen?"

Da ich am nächsten Tag meine neue Polsterecke bekommen sollte, passte das gut.

„Mein Auto ist gerade in der Werkstatt, ihr könnt mit dem Taxi kommen", sagte ich.

Sie kamen dann auch mit dem Taxi.

Nachdem sie ein wenig geputzt hatten, sagte Endy zu mir: „Gib mir 30€, wir gehen schnell Getränke holen."

Aus dem Küchenfenster konnte ich die Straße beobachten und konnte sehen, wie sie immer schneller wurden und wie ich herauskam, fingen sie an zu laufen.

Ich hatte am PC gesessen und mir war aufgefallen, dass da was nicht stimmte.

Ich hatte 65€ auf dem Tisch liegengelassen, um die Spedition zu bezahlen, die mir das Sofa bringen wollte.

Das Geld lag nicht mehr auf dem Tisch.

Deswegen lief ich sofort hinterher und nach kurzer Zeit hatte ich sie erreicht.

Ich sagte zu ihnen:

„Wo ist das Geld?"

Endy sagte: „Wir haben kein Geld", und gab mir die 30.- € zurück und rief: „Hol doch die Polizei."

Das konnte ich ja nicht, ich hatte ja nichts dabei, wie zum Beispiel ein Handy, es war auch niemand in der Nähe.

Also ließ ich sie ziehen und ging nach Hause.

Dort angekommen, musste ich feststellen, dass noch einige Sachen fehlten.

Beim Fernseher fehlte der Satellitenreceiver, Rasierer, Kamera und eben die 65€ für die Spedition.

Dann hörte ich länger nichts mehr von ihnen.

Januar 2016 bekam ich einen Anruf von Endy:
„Ich bin schwer verletzt", sagte sie, „Ivana hat mir zweimal mit dem Messer in die Brust gestochen.

Möchte mich entschuldigen für das, was wir dir angetan haben im Sommer.

Kannst du mich holen?

Ich möchte bei dir bleiben.

„Ich habe auch das Messer dabei."

Also holte ich sie, aber am nächsten Morgen wollte sie wieder zurück, zurück in die Stadt, um was zu erledigen.

In der Stadt angekommen, war die nächste Ampel rot und ich musste stehen bleiben.

Diesen Moment nutzte Endy aus und sprang aus dem Auto.

Ich überlegte nicht lange und fuhr direkt zur Polizeistation im nächsten Bezirk.

Dort angekommen erstattete ich Anzeige wegen des Messerangriffs und des Diebstahls im Sommer.

Das Messer, es war ein Klappmesser, holte die Polizei am nächsten Tag bei mir ab.

Die Untersuchung wegen der Messerattacke wurde von der Staatsanwaltschaft eingestellt.

Endy und Ivana wurden dann jeweils zu einer Gefängnisstrafe verurteilt und saßen nacheinander die Strafe ab, weil sie noch andere Diebstähle begangen hatten.

Endy schickte mir dann zwei Briefe aus dem Gefängnis, ich sollte sie auslösen.

Da sie mich schon in dem Gefängnis in Tschechien verarscht hatte, dachte ich bei mir:

Das tust du dir nicht mehr an.

Einmal ist genug.

Seitdem habe ich nichts mehr von Endy gehört.
Heute ist der 05.12.2020, das Jahr geht bald zu Ende, es war sehr ereignisreich.
Am 18.11.2020 gegen 1 Uhr verstarb meine Ex-Frau im Alter von 72 Jahren im Altersheim.
Was ich verhindern wollte, nämlich, dass sie zu Hause verhungerte, passierte dann dort.
Ihr Körper konnte kein Essen mehr annehmen.
Am 29.08.2020, an ihrem Geburtstag, hatten wir noch zusammen Kaffee getrunken.
Danach war es immer schlimmer geworden.
Als ich am 03. Oktober bei ihr gewesen war, hatte ich schon gemerkt:
Hier stimmt was nicht.
Darauf hatte ich beschlossen, ich würde am 05. nochmal hinfahren.
Am 05. Oktober war ich dann noch einmal zu ihr gefahren, sie war so geknickt und ohne größere Bewegung auf dem Sofa gesessen.
Ich hatte gefragt, was los war, aber keine Antwort von ihr bekommen.
Dann hatte ich gesagt:
„Ich hole jetzt einen Arzt."
Ihr Hausarzt war ja nicht gekommen, er hatte es aber versprochen.
Also hatte ich die Notbremse gezogen und den Notarzt gerufen, der hatte sie im Krankenwagen mit ins Krankenhaus genommen.
Wo sie dann bis zum 22.10. geblieben war, bis sie dann nach Bad Nauheirn ins Altersheim gekommen war.
Ich hatte die Betreuung vom Amtsgericht zugesprochen bekommen.
Die Tochter, die eigentlich zuständig gewesen wäre, hatte alles abgelehnt, so fand sie die letzte Ruhe in einem anonymen Friedhof in Offenbach.
Jedem, den ich kenne, erzählte ich das. Sie alle sagten:

„Eigentlich hätte das alles die Tochter machen müssen, du hast alles richtig gemacht."

Trotzdem kann ich das noch nicht begreifen, wie das so schnell gehen konnte.

Ich musste ja trotzdem mich um alles kümmern und alles kündigen.

(Wohnung, Versicherung, Telefon usw.)

Langsam wird es bei mir auch etwas ruhiger.

Habe die Tagebücher von ihr gelesen, dadurch wurde mir einiges klarer, was in ihr die letzten Jahre vor Ging, ich glaube, sie hat sich immer selbst belogen, bis zum Schluss.

Das hat sie doch mehr belastet, als sie immer sagte, das mit ihrer Tochter, mit den Enkeln, mit der Arbeit (Schule und Kollegen) usw.

Heute ist der 03.01.2021 und Silvester ist vorbei, wir haben meinen Geburtstag und Silvester ruhig hinter uns gebracht.

Jetzt beginnt wieder der Alltag, mal sehen, was das neue Jahr bringt.

Mittlerweile ist Endy auch wieder aufgetaucht.

Sie wohnt jetzt wieder in der Nähe von Gießen.

Ich arbeite immer noch auf dem Reiterhof als Mädchen für alles.

Ich hoffe, ich kann diese Arbeit noch lange tun.

Da ich die letzten Jahre weniger Alkohol getrunken habe (Sekt, Bier und Schnaps), hat sich mein Gesundheitszustand um 60 % gebessert.

Jetzt Lebe ich in Friedberg und ich glaube, die Reise ist noch nicht zu ende.

Der Autor

Jürgen Reitz wurde 1946 in Naunheim geboren. Nach der Volksschule arbeitete er viele Jahre bei der Deutschen Bahn, ging danach einer Tätigkeit im Vertrieb von Feuerlöschern nach und fand schließlich als Hausmeister seine Berufung. Er ist ein begabter Handwerker, spielt liebend gerne Schach und sammelt leidenschaftlich Briefmarken. Er ist Vater eines Sohnes und lebt heute geschieden in Friedberg. „Der Lotzebub" ist sein erstes literarisches Werk.

novum VERLAG FÜR NEUAUTOREN

Der Verlag

*Wer aufhört
besser zu werden,
hat aufgehört
gut zu sein!*

Basierend auf diesem Motto ist es dem novum Verlag ein Anliegen, neue Manuskripte aufzuspüren, zu veröffentlichen und deren Autoren langfristig zu fördern. Mittlerweile gilt der 1997 gegründete und mehrfach prämierte Verlag als Spezialist für Neuautoren in Deutschland, Österreich und der Schweiz.

Für jedes neue Manuskript wird innerhalb weniger Wochen eine kostenfreie, unverbindliche Lektorats-Prüfung erstellt.

Weitere Informationen zum Verlag und
seinen Büchern finden Sie im Internet unter:

www.novumverlag.com

novum VERLAG FÜR NEUAUTOREN

Bewerten
Sie dieses **Buch**
auf unserer
Homepage!

www.novumverlag.com